T0287467

Gemma Sala Grau
Alexia de la Morena

Secretos de tu cerebro

Claves para la Neurofelicidad
y el *Neurocoaching*

Ilustraciones originales de Edu Couchez

© 2019 by Gemma Sala Grau y Alexia de la Morena Gómez

© 2020 by Editorial Kairós, S.A.
Numancia 117-121, 08029 Barcelona, España
www.editorialkairos.com

Fotocomposición: Moelmo, S.C.P. 08009 Barcelona
Diseño cubierta e ilustraciones: Edu Couchez
Impresión y encuadernación: Romanyà-Valls. 08786 Capellades

Primera edición: Marzo 2020
ISBN: 978-84-9988-749-4
Depósito legal: B-2.846-2020

Este libro ha sido impreso con papel certificado FSC, proviene de fuentes
respetuosas con la sociedad y el medio ambiente y cuenta con los
requisitos necesarios para ser considerado un «libro amigo de los bosques».

Sumario

Prólogo. Felicidad social, grupal e individual,
de *Pere Estupinyà*   11

1. **La evolución del cerebro**   15
   Eres un cocodrilo, una vaca y una persona,
   todo a la vez   15
   El cerebro triuno revisado   16
   El cerebro más antiguo: el cerebro reptiliano.   17
   El sistema límbico, el origen de las emociones   21
   El neocórtex o cerebro directivo.   22
   Cómo conviven y nos afectan los tres cerebros
   en los humanos   25
   El contrato de Ulises: el presente que afecta
   al futuro.   28
   Esculpir el cerebro: el cerebro humano nace
   inacabado.   30
   Respuestas primarias que nos han permitido
   sobrevivir.   33

Casos de reacciones primarias   35
Entrenar la corteza prefrontal.   40

2. El cerebro es social   43
El descubrimiento de las neuronas espejo   47
El funcionamiento de las neuronas espejo   49
Neuronas espejo, las neuronas de la empatía   51
Neuronas espejo, responsables de la imitación   53
Experiencia y aprendizaje motor   54
Neuronas espejo en las profesiones de ayuda   56
Neuronas espejo y liderazgo   58
Neuronas espejo y mindfulness   61

3. Plasticidad cerebral y neuroaprendizaje   65
La neurociencia del cambio   65
¿Cuándo fue la última vez que hiciste algo
    por primera vez?   69
¿Conoces el efecto Flynn?   72
La Teoría del cambio intencional de Richard
    Boyatzis.   74
El caso   75
Neurogénesis   78
De cerca no hay dos cerebros iguales.   81
Pero ¿quién tiene el control, el consciente
    o el inconsciente?   83
¿Por qué es importante la neurogénesis y cómo
    estimularla?   84

El caso de los taxistas de Londres 87
Actividades que favorecen la neuroplasticidad 89
Para el *coach*: contar más con la plasticidad cerebral
del *coachee* 92
Metodología de trabajo del cambio para el *coach*:
«COACH ACTION DCE». 99
Consejos para *coaches* y líderes. 102

4. **Salud cerebral y bienestar** 103
El modelo del equilibrio cerebral (*Brain Balance*) . . 103
Equilibrio cerebral: siete actividades que nutren
la mente 105
Conclusiones 120
Barcelona Brain Health Initiative (BBHI) 122
La herramienta del equilibrio cerebral y cómo
utilizarla. 124
El caso 127

5. **Creatividad y hemisferios cerebrales** 131
Hemisferios cerebrales. Nuestro cerebro dividido . . 131
Ideas repentinas, intuición versus ideas analíticas . . 136
La neurociencia de las cuatro fases del proceso
creativo de Graham Wallas (1926) 138
El *flow* de la creatividad: plantar una semilla y saber
soltar 146
¿Sabías que la estimulación cerebral mejora
la creatividad? 152

¿Qué hacer para ser más creativo?   153
Dodecálogo para activar el estado de fluidez
    de la creatividad.   153
Secretos de la creatividad.   156
Ejercicios para activar la imaginación
    y la creatividad   158

**6. Estrés directivo. Claves para reducirlo y aumentar
el bienestar y la satisfacción de tu vida**   161
¿Qué ocurre en nuestra mente directiva?   162
Gestión del estrés y la felicidad   185
Técnicas y recursos para reducir el estrés   194

7. *Coaching* **con atractores emocionales positivos:
un modelo de** *coaching* **pensando en el cerebro.** .   209
El significado de compasión en este modelo   210
Sistema nervioso parasimpático (SNP) versus
    sistema nervioso simpático (SNS) y su impacto
    psicofisiológico.   211
Atractores emocionales positivos (PEA)   214
Atractores emocionales negativos (NEA)   216
Atractor emocional positivo, *coaching* con compasión
    y Yo ideal.   217
Coaching y contagio social   220
Preguntas tipo realizadas por el *coach*   222
Conclusión   224
El caso   225

8. Neurofelicidad: la guía práctica de la felicidad . .   231

Neurofelicidad, la felicidad también se entrena. . . .   231

¿Qué es la felicidad?   232

Neurociencia y felicidad: las 15 claves para
    la felicidad según la ciencia.   240

El tiempo libre y la felicidad: *smartphones*, redes
    sociales y Facebook.   243

La felicidad en el trabajo   266

El método innovador de *coaching*: *Happiness
    Attraction*.   269

Anexos   285

Anexo 1. Test de Benziger   285

Anexo 2: Test del estrés   299

Test 1. ¿Sabes enfrentarte al estrés?   299

Test 2. ¿Por qué te estresa tu trabajo?   304

Agradecimientos   309

Bibliografía   315

Prólogo
Felicidad social, grupal
e individual, *de Pere Estupinyà*

¿Te has planteado cómo sería trabajar en la empresa más feliz del mundo, o que la crearas tú?

Un día que estaba leyendo sobre los informes anuales de felicidad que publica la Organización de las Naciones Unidas (ONU) vi que el país más feliz del mundo, según el último dato, era Dinamarca, seguido por Suiza, Islandia, Noruega y Finlandia.

¿Dinamarca? ¿Suiza? No puede ser... con el clima tan malo que tienen; en otros países como España disfrutamos de mejor gastronomía, un clima espectacular y más alegría... O la ONU no se enteraba, o la felicidad «colectiva» dependía de factores diferentes de los que solemos imaginar. Tal fue mi sorpresa

---

* Divulgador científico. Presentador del programa *El cazador de cerebros*, de la 2, RTVE. Knight Science Journalism Fellow del Massachusetts Institute of Technology (MIT). Autor de los libros *El ladrón de cerebros* (2010), *Rascar donde no pica* (2012), *S=EX2, la ciencia del sexo* (2013) y *Comer cerezas con los ojos cerrados* (2016).

que decidí dedicar un episodio de *El cazador de cerebros**
a buscar el secreto de la felicidad danesa.

Lo que descubrí es que la felicidad depende, obviamente,
de factores internos y de nuestra actitud frente a la vida, pero
también que el entorno condiciona muchísimo más de lo que
nos imaginamos nuestra capacidad de ser felices. Y si es así,
los entornos sociales, hogareños o laborales se pueden diseñar
para promover la felicidad. Pero todavía más importante: como
estamos evolutivamente más preparados para entender a los
demás que a nosotros mismos, en realidad no sabemos lo que
nos hace felices; de aquí la importancia de la ciencia.

Un ejemplo es Valcon, una consultoría danesa cuyo CEO
se propuso convertir en «la empresa más feliz del país más feliz del mundo». Cuando le entrevisté me dijo que empezó conociendo bien a sus empleados y pidiéndoles sugerencias; aun
así vio que eso no era suficiente.

Cuando nos preguntan por aquello que nos hace felices solemos responder evocando «momentos felices» que generan
una especie de felicidad hedonista, muy placentera, pero que
no necesariamente lleva a un sentimiento de bienestar y satisfacción vital estable en nuestro día a día. Por tanto, preguntar a los empleados y obtener la respuesta: «más tiempo libre»
o «más pagas extra», quizás no sea la opción óptima; y confiar
en tu interpretación de lo que lees en algún libro de autoayuda,
posiblemente tampoco.

---

* Programa de divulgación científica que presento y dirijo en la 2 de RTVE.

Lo mejor es recurrir a expertos con una base científica sólida y una experiencia acumulada que les permitan adaptar su conocimiento a intervenciones concretas específicas para un determinado grupo de personas. Pero más importante todavía –y aquí es donde aparece la actitud científica– es imprescindible ir midiendo el impacto que estén generando las intervenciones. Por eso, el CEO de Valcon contrató al Happiness Research Institute de Copenhague, para que analizara su empresa y descubriera los detalles invisibles que pudiesen incluso contradecir sus intuiciones, diseñara intervenciones basadas en evidencias específicas para ellos, y midiera la felicidad de los trabajadores antes, durante y después de aplicarlas, con el objetivo de ver cuáles incrementaban más su bienestar. Y, como pasa a menudo en la ciencia, no todas esas intervenciones fueron las que ellos habían imaginado.

La clave está en ir midiendo, extrayendo conclusiones e ir corrigiendo. Esta actitud científica es la que practicaban los expertos del instituto de la felicidad, y es la que debemos incorporar a nuestra experiencia individual.

En *Secretos de tu cerebro. Claves para la Neurofelicidad y el Neurocoaching*, las expertas Gemma Sala Grau y Alexia de la Morena nos descubren las claves y herramientas para que te conviertas en el mejor aliado de tu cerebro. La neurociencia nos ayuda a conocernos mejor, de una manera mucho más profunda, llegando a comprender aspectos inconscientes que modulan nuestro comportamiento, y eso es imprescindible para obtener la mejor versión de ti. En este libro encontrarás recursos que te ayudarán a desarrollar tu potencial, a tener una vida con más salud y bienestar –físico, mental y emocional–, en definitiva, a liderar una existencia más equilibrada y feliz.

La lectura de este manual te brindará la oportunidad de descubrir aspectos de tu cerebro que desconocías hasta este momento. Cuestiones como la capacidad de aprendizaje, la creatividad, la plasticidad cerebral, así como múltiples recursos para mantener el equilibrio en estos momentos de profundos y continuos cambios que vivimos, y así afrontar el reto tecnológico al que nos enfrentamos en este siglo XXI. Como dicen las autoras en el libro: «El cerebro es el órgano más costoso del cuerpo humano: solo ocupa el 2% de la masa corporal, pero consume hasta un 25% de la energía [...]. Así que será mejor que lo tratemos como el bien preciado que es». Con un enfoque que pretende inspirar a profesionales, líderes o a cualquier persona interesada en su crecimiento y mejora, las páginas de este libro son una verdadera orientación para comprender las necesidades de tu cerebro y diseñar tu propia filosofía de la felicidad.

1. La evolución del cerebro

Eres un cocodrilo, una vaca y una persona, todo a la vez

El cerebro humano, tal y como lo conocemos hoy en día, es la consecuencia de la evolución que ha sufrido a lo largo de miles de millones de años. Conocer un poco más esa transformación hasta llegar al ser humano contemporáneo nos permite comprender muchos de nuestros comportamientos y reacciones, muchas veces más primarias de lo que desearíamos.

Paul MacLean, médico y neurocientífico, fue el primer autor que habló de la teoría del cerebro triuno entendido como «un modelo de procesamiento cerebral que se divide en tres cerebros –sistemas de aprendizaje– que se activan e interactúan para mantener nuestra evolución y supervivencia en el día a día por cuanto han evolucionado en diferentes momentos».

Figura 1. *Paul D. MacLean investigó sobre los rastros evolutivos existentes en el cerebro humano (foto de Edward A. Hubbard, National Institute of Health).*

El cerebro triuno revisado

El modelo triuno de MacLean es ampliamente conocido y ha fundamentado diversas teorías psicológicas y de otras disciplinas hasta nuestros días. Sin embargo, hay que tener en cuenta que, con los avances tecnológicos de las últimas dos décadas, están apareciendo nuevos estudios que derivan en nuevas teorías explicativas. Ahora bien, la neurobiología sigue sin poder explicar por qué se ha producido la evolución funcional, así como determinados cambios neurales hasta la aparición del cerebro humano. En este sentido, se están realizando investigaciones que cuestionan las teorías tradicionales sobre las diferencias explicativas entre las aves y los mamíferos, así como las diferentes etapas evolutivas del sistema nervioso. Lo que parece quedar claro es que la evolución no ha sido lineal ni gradual y que todavía hay mucho por comprender sobre la evolución del cerebro.

Debe tenerse en cuenta que la comunidad científica actualmente no acepta la teoría del cerebro triuno y que en muchos contextos se considera un «neuromito», pero aquí nos pareció muy útil explicarlo porque ayuda a comprender algunas cuestiones psicológicas claves, sobre todo en relación con las reacciones primarias, tanto en los animales como en los humanos (¡no hay que olvidar que también somos animales y, como tales, reaccionamos!).

El cerebro más antiguo: el cerebro reptiliano

El cerebro primitivo, conocido como Complejo-R (la parte del tronco del encéfalo y el cerebelo), es el responsable de controlar la conducta instintiva para sobrevivir. En el origen de la evolución existían células aisladas que se fueron conectando y uniendo hasta llegar a formar un solo organismo, como el que tienen los invertebrados. Posteriormente, estas células se fueron especializando en el movimiento, la detección de alimento, la comunicación entre ellas, el control de los músculos, el equilibrio y las funciones autonómicas (respiración y latido del corazón).

Pasaron cientos de millones de años hasta que surgieron animales que poseían un sistema nervioso complejo al que ya podríamos llamar *cerebro,* debido a su complejidad estructural y también a la aportación de cambios en el comportamiento animal. Apareció así el *cerebro basal, instintivo o reptiliano* (según la teoría del cerebro triuno), constituido por el tronco encefálico y el cerebelo. Controla los instintos y las funciones autonómicas como la respiración, el latido del corazón, la digestión, la presión arterial y algunas respuestas primitivas de lucha, huida o inmovilidad. El tronco cerebral está bien desarrollado desde el nacimiento y es, en términos evolutivos, el área más antigua del cerebro.

El cerebro *reptiliano* que corresponde a la triada del instinto es el que permite que una persona en estado de coma, por ejemplo, pueda seguir viviendo porque siguen activas todas sus funciones autonómicas.

El cerebro primitivo nace con un comportamiento reflejo, es decir, automático: ante un estímulo, siempre reacciona de la misma manera. El reptil presenta conductas desde el nacimiento heredadas de sus ancestros que resultan muy efectivas para la supervivencia; no son aprendidas por su interacción con el entorno. La ventaja de este tipo de comportamiento es la rapidez en la respuesta, una característica fundamental para la supervivencia del animal. Este cambio evolutivo fue muy importante, pero también conllevó inconvenientes: un comportamiento fijo establecido marca una dirección única, entonces, si la situación cambia, el animal no es capaz de discriminar bien y dar una respuesta adaptativa.

Vamos a verlo con un ejemplo. Existe un tipo de pájaros que dan de comer al polluelo que tiene la boca más grande y más roja. ¿Por qué? Porque es el polluelo más fuerte y así se asegura la supervivencia. Sin embargo, es posible engañarlo con mucha facilidad: si le ponemos la cría de otra ave distinta con la boca más grande y roja, la alimentará en detrimento de su propia cría debido a este comportamiento reflejo.

Pero es cierto que hay comportamientos reflejos muy útiles, como pueden ser la succión del pecho del recién nacido, retirar las manos del fuego o de algo que pueda dañarnos, etcétera. Y como mencionamos anteriormente, hay múltiples respuestas de funcionamiento como la regulación de la respiración, el ritmo cardíaco, la tensión arterial, el tamaño pupilar, o miles de reacciones químicas que están sucediendo en tu cuerpo mientras lees estas líneas, sin necesidad de que estés pendiente o controlando qué sucede.

Konrad Lorenz, premio Nobel de Medicina y Fisiología (1973), es conocido por sus experimentos con gansos. Los estudios de Lorenz sobre la «impronta» vinieron a demostrar que en realidad el animal aprende aquello para lo que está programado a aprender. Esto es particularmente cierto en las aves, cuya conducta instintiva es seguir el primer objeto en movimiento que encuentran una vez salen del huevo.

Eso es lo que hizo Lorenz con gansos, a quien desde pequeño siempre le habían fascinado: incubó huevos de ganso de manera artificial y, cuando los pollitos salieron del cascarón, lo primero que se encontraron fue al científico, con el que establecieron un vínculo de apego como si fuera su madre biológica. ¡Lo seguían a todas partes! Lorenz defendía que una conducta social programada, o sea innata, podía coexistir con un aprendizaje aprendido, al que llamó impronta.

Figura 2. *Konrad Lorenz paseando, seguido de polluelos de ganso, demostración de su apego instintivo.*

De acuerdo con la teoría del cerebro triuno, la evolución cerebral va marcando un proceso según el cual lo que ya existe no desaparece, sino que sigue manteniendo sus funciones, a la vez que se crean nuevas estructuras por encima que aportan nuevas mejoras evolutivas. Utilizamos la metáfora de que el cerebro es como una vieja casa a la que vamos añadiendo pisos. Así pues, en el primer piso encontramos el cerebro *instin-*

tivo, basal o reptiliano. Posteriormente, con la aparición de los mamíferos, se creó un segundo piso.

El sistema límbico, el origen de las emociones

En 1952, Paul MacLean introdujo por primera vez el término *sistema límbico*. En términos de evolución, hace unos 180 millones de años atrás aparecieron animales con estructuras nuevas, este segundo piso por encima del cerebro reptiliano al que también se denomina cerebro mamífero. Pero ¿qué es lo que aportaron estas nuevas estructuras? Pues aparecen por primera vez las emociones, surgen un abanico de emociones primarias que ayudan al animal a mejorar su supervivencia, por lo que ahora ante un estímulo, según la emoción que despierte y su intensidad, el animal reaccionará de una u otra manera. Es decir, el animal ya no reacciona de una forma única y preestablecida, sino que discrimina y selecciona el mejor comportamiento según lo que la emoción le indique. ¡Tal vez ahora adquiera sentido aquello de que las emociones son información!

La región límbica evolucionó cuando algunos reptiles se transformaron en mamíferos. Al ganar en opciones de respuesta, su adaptabilidad a los cambios dio un salto cualitativo muy relevante respecto al cerebro reptiliano.

Las vacas, por ejemplo, son un caso de cerebro límbico al ser animales sociales que establecen jerarquías, reglas y orga-

nización, y que se emocionan cuando encuentran la solución
a un desafío. Demuestran sus emociones por medio de la temperatura de sus hocicos (un descenso de la temperatura hocical
significa calma y bienestar).

Las zonas límbicas están implicadas en procesos como el
apego en las relaciones con nuestros cuidadores –precursor
del vínculo afectivo–, la motivación, el aprendizaje y la memoria. El sistema límbico incluye la amígdala, el hipotálamo
y el hipocampo. Para el sistema límbico, la supervivencia se
basa en la búsqueda del placer y la evitación del dolor.

El neocórtex o cerebro directivo

Pero la evolución no se detuvo aquí. Además de todas las estructuras anteriores, comenzaron a surgir otras nuevas, cada
vez más complejas, sin abandonar las ya existentes. Vamos
sumando pisos a la casa vieja, ¿recuerdas?

Así pues, en el tercer piso aparecen estructuras cerebrales
mucho más complejas que van envolviendo a las anteriores:
es la corteza cerebral con millones de neuronas nuevas que
van apareciendo progresivamente. La corteza se va replegando
sobre sí misma para que su crecimiento no suponga un aumento excesivo del tamaño de la cabeza. El paso de cuadrúpedos
a la bipedestación, es decir, pasar de andar a cuatro patas a
mantenernos de pie y poder andar con dos piernas, supuso un
cambio cerebral tremendamente importante y un desarrollo

acelerado de algunas áreas cerebrales, como la parte frontal y parietal.

El neocórtex o cerebro directivo es el que toma las decisiones racionales. Se encuentra en el cerebro de mamíferos más evolucionados y es responsable del pensamiento lógico, la razón, permite la planificación, futurizar experiencias y el lenguaje.

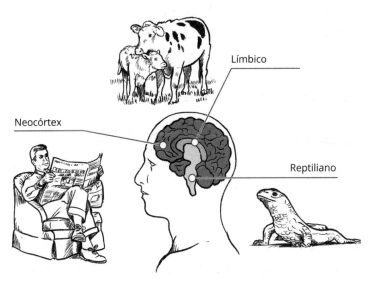

Figura 3. *«Piénsalo así: en último término, el cerebro triuno significa que en ti conviven un cocodrilo, una vaca y un hombre o mujer».*

¿Qué aportó la corteza cerebral en lo referente al comportamiento? Pues que el abanico emocional se abrió muchísimo más: aparecieron nuevas emociones más complejas, nuevos recursos para discernir, interpretar y calibrar las situaciones, así como para poder dar una amplitud mucho mayor de respuesta. También apareció algo fundamental en la evolución: la capacidad de razonamiento superior, que facilita poder incorporar habilidades de manera continua y no depender exclusivamente del comportamiento predeterminado al nacer. De esta manera, la capacidad de reacción se vio aumentada exponencialmente. El ser humano es mucho más libre porque puede elegir entre un gran surtido de opciones donde antes, con el *sistema límbico*, solo podía hacerlo con el margen que le proporcionaban las emociones existentes, y con el *cerebro basal*, únicamente con el acto reflejo fijo. Con la aparición de la corteza, según tenemos experiencias y realizamos aprendizajes podemos seguir ampliando en menor o mayor medida nuestra libertad.

> «La mente utiliza el cerebro para crearse a sí misma.»
> Siegel (2007)

La evolución del cerebro nos muestra el camino que va marcando, pero ¿en qué consiste este camino? Pues en ampliar la capacidad de recursos y respuestas. Eso significa mejorar la capacidad de elección y, por tanto, poder ser más libres, como ya dijimos. El cerebro sigue evolucionando a lo largo de toda la vida; según cómo se viva y las experiencias que se tengan, así podrá seguir ampliando en menor o mayor medida la libertad y la amplitud de recursos.

Cómo conviven y nos afectan los tres cerebros en los humanos

El tercer cerebro, el neocórtex, es en términos evolutivos el cerebro más novedoso. La parte que se encuentra detrás de nuestra frente, el área prefrontal, es la encargada de hacer las funciones de director de orquesta emocional. En otras palabras, es la que nos permite regular nuestros impulsos primarios.

Vamos a ver qué ocurre si examinamos el cerebro de un recién nacido. Encontramos que las *estructuras basales* y el *sistema límbico* tienen muchas conexiones entre sí, es decir, existen millones de neuronas preparadas que mandan información constante para asegurar la supervivencia. Nacemos ya con ellas, son las más ancestrales y llevamos toda esa información y capacidad de respuesta incorporadas al nacer. A su vez, ambos cerebros primitivos también mandan mucha información hacia la corteza cerebral. Podemos decir que hay muchas conexiones de abajo hacia arriba. Sin embargo, desde la corteza cerebral existen pocas conexiones en proporción que vayan hacia la *zona límbica* y el *cerebro basal*, o sea, hay pocas conexiones de arriba hacia abajo.

Para el ser humano eso son buenas y también malas noticias. Las malas noticias son que esto representa un panorama de respuesta donde domina la parte límbica emocional, es decir, las reacciones primarias de supervivencia, sobre todo durante la infancia. Progresivamente, con la experiencia y con el aprendizaje, se van creando más conexiones desde el área pre-frontal hacia la zona límbica, de arriba hacia abajo, pero eso requiere de mucha práctica, experiencia y aprendizaje, para poder superar las llamadas reacciones primarias de lucha, huida o bloqueo.

Existen estudios realizados con niños sobre el origen de la agresividad. En niños pequeños de 3, 4 y 5 años se encuentran conductas de tipo agresivo con mucha más frecuencia que en adolescentes, por ejemplo. Si observas un grupo de niños de corta edad interaccionando entre ellos, verás cómo se pegan, golpean, patalean, tiran de los pelos, se arrebatan los juguetes, y todo ello... ¡sin ningún tipo de miramiento! El niño o niña, al ir creciendo y socializando, pasa por cambios que consisten en armonizar y crear nuevas sinfonías emocionales y de comportamiento más adaptativas para poder interaccionar con los otros.

Es muy interesante el famoso *test de gratificación retardada,* conocido como el *test de Marshmallow*, realizado por el psicólogo Walter Mischel, en la Universidad de Stanford a principios de los años 70. El estudio estaba diseñado de la siguiente manera: se dejaba a niños preescolares de 4 años solos en una habitación frente a una chuche o nube de azúcar (*marshmallow* en inglés). El adulto que estaba con ellos les decía: «Si eres capaz de esperar a que vuelva de dar una vuelta en 15 minutos y no te has comido la nube... ¡te daré otra y así tendrás dos nubes! De lo contrario, no te daré ninguna más». Ese reto es enorme para un niño de 4 años, porque para conseguir retrasar la gratificación, el área prefrontal ha de coger las riendas y tranquilizar, distraer y, en definitiva, encontrar estrategias eficaces para posponer esa gratificación. Así es como se desarrollan las conexiones corticolímbicas y se mejora la capacidad de autocontrol y autogestión. En este caso, el niño ha de frenar el impulso inmediato de gratificación que supone comerse la nube y esperar si quiere conseguir una chuche más. O sea, tiene que ser capaz de retrasar la gratificación inmediata para obtener una gratificación doble *a posteriori*.

Figura 4. *Test de gratificación retardada, realizado por el psicólogo Walter Mischel en la década de los 70.*

Se observó que, de todos esos niños, un tercio se comió de inmediato la golosina, otro tercio se lo comió en algún momento a lo largo de los 15 minutos de espera, y solo un tercio fueron capaces de resistirse a la tentación de comérselo y esperar a que llegara de vuelta el adulto. Curiosamente, los resultados de este estudio se retomaron cuando estos niños ya habían entrado en la treintena y se comprobó que aquellos que habían demostrado tener más autocontrol en su infancia eran los que mejor salud tenían, mejor les iba económicamente y menos problemas con la ley habían tenido.

Cuarenta años después se estudió de nuevo a 57 de estos niños y se comprobó que aquellos que habían sido capaces de esperar y retrasar la gratificación lo seguían haciendo siendo adultos. Igualmente, aquellos que no se resistieron a la gratificación inmediata mostraron la misma dificultad en demorar décadas más tarde. Así, los resultados estadísticos demostraron que el autocontrol es un predictor más importante que el coeficiente intelectual (CI) o la clase social de la familia de origen del niño.

El contrato de Ulises: el presente que afecta al futuro

El tema de la gratificación retardada lo podemos relacionar con el llamado *Contrato de Ulises*, que consiste en acordar cuestiones en el presente que sabemos que pueden afectar al futuro. Se cuenta que el legendario Ulises cuando volvía de la guerra de Troya tuvo que pasar por delante de una isla donde vivían unas sirenas que eran famosas porque, cuando cantaban, los navegantes quedaban tan encantados que al tratar de acercarse a ellas, acababan estrellando sus barcos contra las rocas. Ulises quería desesperadamente escuchar las voces de las conocidas sirenas; por eso pidió a sus marineros que le ataran al mástil del barco y que ignoraran sus órdenes cuando pasaran cerca de las sirenas porque sabía que no estaría en condiciones de tomar buenas decisiones. A este tipo de acuerdos nos referimos cuando hablamos del *contrato de Ulises.*

Es lo que hacen muchas personas que quieren superar una adicción o aprobar un examen, por ejemplo. Es conocido el caso de una mujer que había decidido dejar de fumar de una vez por todas. Esta mujer, que siempre había luchado por la igualdad de derechos, dejó preparado un importante cheque, se lo dio a una amiga y le pidió que lo enviara al Ku Klux Klan si se fumaba un solo cigarrillo más. Es decir, que «atándonos al mástil» podemos superar la seducción del futuro (Eagleman, 2015).

El contrato de Ulises **consiste en acordar cuestiones en el presente que sabemos que pueden afectar al futuro.**

Cuando te comprometas contigo mismo a llevar a cabo una acción que sabes que afectará a tu futuro, es mejor:

- Compartirlo con alguien de tu confianza para que te ayude a mantenerte en tu decisión.

- Prever posibles obstáculos, dificultades o interferencias y diseñar un plan de acción estratégico (Ulises, atarse al mástil; una exfumadora, dar dinero a una organización con la que no simpatiza en caso de volver a fumar).

- Conectarse a los beneficios que conllevarán los resultados.

Esculpir el cerebro: el cerebro humano nace inacabado

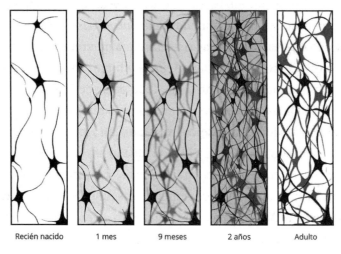

Recién nacido   1 mes   9 meses   2 años   Adulto

Figura 5. *Evolución del número de neuronas y sinapsis.*

Las neuronas del cerebro de un recién nacido están relativamente poco conectadas. Durante el primer, segundo y tercer año, nacen millones de neuronas que se conectan más y más a través de las sinapsis, formando *bosques de neuronas* con millones de ramificaciones. Después, las conexiones sufren una poda, disminuyendo en cantidad pero fortaleciéndose con la edad.

Por otro lado, el hecho de que existan pocas conexiones de arriba hacia abajo al nacer, en proporción a las de abajo hacia arriba, son buenas noticias. ¿Por qué? Porque eso implica que no nacemos con un comportamiento cerrado y aprendido, sino que nuestro cerebro tiene esa maravillosa versatilidad –denominada *plasticidad*–, que le permite realizar aprendizajes y abrirse a un mundo de múltiples opciones y potencialidades que podrá desarrollar a lo largo de toda su vida.

Los animales nacen genéticamente programados. Por ejemplo, los caballitos de mar nacen nadando y las jirafas aprenden a mantenerse en pie en cuestión de horas. Esto es así porque los animales nacen con cerebros que están cableados de acuerdo a una serie de conductas programadas que les permiten desarrollarse muy rápidamente. Después de nacer, en el reino animal todos son muchísimo más independientes que nosotros los humanos. Pero esta estrategia de llegar con un cerebro así al mundo requiere de un ecosistema concreto porque, de lo contrario, los animales no podrían sobrevivir. Imagínate por ejemplo un rinoceronte en medio de Las Ramblas de Barcelona o arriba del Machu Picchu. Cuesta imaginarlo, ¿verdad?

En contraposición, los humanos nos podemos adaptar a entornos muy diferentes, desde un desierto subsahariano, a una zona congelada de la Siberia, hasta el centro neurálgico de Nueva York. Esto es posible porque *el cerebro humano nace de una manera inacabada y con capacidad de adaptación.* El cerebro humano es modelado de acuerdo con su experiencia de vida, aunque esto nos lleva a largos períodos de desamparo y dependencia, hasta los 10 o 12 años.

Figura 6. *Los humanos nos podemos adaptar a entornos muy diferentes, desde un desierto subsahariano, a una zona congelada de Siberia, pero ¿te imaginas rinocerontes por Las Ramblas de Barcelona?*

Después, en la adolescencia se produce una reorganización importante a nivel cerebral. Los cambios que los chicos y las chicas sufren en sus cerebros a lo largo de la adolescencia provocan que las conexiones más débiles sean podadas, o sea, que se eliminan, mientras que las más fuertes se refuerzan. Algunos de estos cambios tan grandes tienen lugar en áreas relacionadas con el razonamiento y los impulsos. La corteza prefrontal lateral –muy importante en el control de impulsos– es una de las áreas que tarda más en madurar, hasta el inicio de los veintipocos años. Cuando un adolescente piensa sobre sí mismo, especialmente si se trata de una situación con mucha carga emocional para él, la región que se activa es la corteza prefrontal medio. La doctora Leah Somerville y sus colegas del departamento de Psicología de la Universidad de Harvard descubrieron que desde la infancia y hasta la adolescencia esta corteza prefrontal media se va activando en situaciones sociales y está en su máxima expresión alrededor de los 15 años. Por eso, a esa edad las situaciones sociales tienen mucha carga emocional para los adolescente y pueden dar con facilidad respuestas equivalentes a un estrés de alta intensidad. Así, se puede comprender también porque durante la adolescencia la autoimagen y la autoevaluación están muy presentes. En contraste, el cerebro adulto ya se ha acostumbrado a ese sentido del yo y ha perdido el sentido de vergüenza ajena que tantos quebraderos de cabeza ocasiona, sobre todo a los padres, porque ahora sus hijos ya no quieren que los vayan a buscar al cole, y menos aún que hagan según qué comentarios delante de sus amigos (Eagleman, 2015).

Respuestas primarias que nos han permitido sobrevivir

Las respuestas primarias que provienen de los cerebros más antiguos, el reptiliano y el límbico, son escapar, atacar o paralizarse (hablamos de las 3 efes del inglés *fly, fight o freeze)* y representan una gran ventaja porque ante un peligro estas áreas primarias actúan con gran rapidez. Están diseñadas para funcionar así y tienen muchos cientos de millones de años de evolución anticipada.

Estas respuestas primarias son muy rentables también, porque cuando vivíamos en la selva y escuchábamos un ruido detrás de unos arbustos no teníamos mucho tiempo para pensar: en cuestión de milisegundos teníamos que decidir si el animal era más grande y fuerte que nosotros, en cuyo caso salíamos corriendo para salvar nuestra vida, o se trataba de todo lo contrario, y entonces podíamos cazarlo y convertirlo en nuestra cena.

No obstante, para las reacciones cotidianas y la sociedad tan sofisticada en la que vivimos en la actualidad, el área prefrontal aporta una gran versatilidad y eficacia. Es la que permite que cuando estás en una reunión de trabajo y alguien dice algo que te molesta, no le pegues un puñetazo o un empujón cuando salga por la puerta, sino que esa área prefrontal envía señales para tranquilizar la zona límbica y esta se serena, porque entiende que la corteza se hará cargo de la situación. Si no es así, lo hará ella. En otras palabras, si el director de orquesta no coge las riendas, lo hará la zona primaria con un comportamiento primario característico y, a veces, previsible. En lugar de decirle a la persona de la reunión de una manera asertiva que no estás de acuerdo con lo que ha dicho y exponer tus razones, cogerás, te levantarás y cerrarás la puerta de un portazo; una manera primaria de expresar que no estás de acuerdo. No dudamos de que la otra persona va a entender el mensaje, la cuestión es si esa manera de comunicarnos es la más efectiva.

Casos de reacciones primarias

A continuación vamos a ver algunas conductas que responden a reacciones primarias y que los humanos también compartimos:

• **Manadas:** los animales siempre se han juntado en manadas, y pueden percibir a otra manada como enemiga porque corren el peligro de que les robe la comida, maten las crías, ocupen su territorio, se lleven las hembras, etc. Por tanto, si aparece otra manada, pueden responder con agresividad y atacar o huir, reacciones ambas primarias.

Según la autora Olivia Fox Cabane (2012), solo tenemos una oportunidad de causar una buena primera impresión. En cuestión de 2 segundos, nos hacemos una composición de quién es la persona que tenemos delante por primera vez (cuál es su estatus, su nivel de estudios, si podemos confiar o no en esa persona, etc.). En buena medida, eso responde a que hemos vivido el 98% de nuestra evolución humana en la selva y solo disponíamos de 2 segundos para decidir si lo que se movía detrás de unos árboles era un tigre o un humano, y si este era de una tribu amiga o enemiga, para así responder adecuadamente y no sucumbir.

Ejemplos contemporáneos los vemos en los grupos de seguidores de equipos deportivos que sienten animadversión uno por el otro, o en el caso de pueblos o naciones que son rivales. Este sentido de *pertenencia a la manada* puede activar la región primaria y provocar que se perciba a *la otra manada* como un peligro para la supervivencia y producir un enfrentamiento. Evidentemente es una reacción muy peligrosa porque, si se estimula, puede generar peleas descontroladas y hasta guerras. Seguro que puedes encontrar muchos ejemplos actuales. En efecto, al ser una reacción primaria, por el simple hecho de ser diferente, la *otra manada* es temida o se le agrede. La fuerza de una manada reside no solo en el tamaño del animal, sino, y en buena medida, en el número de miembros que conforman esa manada. Cuando dos grupos diferentes se encuentran, sienten inmediatamente dónde reside el poder.

Por otro lado, si un animal es expulsado de la manada, este puede ser un reclamo para los depredadores, y su muerte puede estar casi asegurada. Ese miedo casi ancestral a morir se aloja en el sistema límbico. De manera que permanecer dentro de la manada, dentro del grupo, es pura supervivencia.

• **Territorialidad:** el animal siempre va a defender su territorio como medio de supervivencia, es una manera de asegurar el alimento, un espacio para que las hembras puedan parir, alimentar a las crías, etcétera. El animal necesita «su territorio» como modo de protección y supervivencia.

GEMMA SALA: Recuerdo hace unos meses, cuando fui a un retiro de meditación. El primer día me senté, después de cada pausa, en el mismo sitio y en el mismo cojín. A la mañana siguiente, como ya debes haber imaginado, me dispuse a sentarme en el mismo lugar y en el mismo cojín, pero ¡¡¡oh sorpresa!!! vi que había otra mujer sentada allí. Confieso que sentí una punzada de enfado cuando la vi, sentada plácidamente con los ojos cerrados en «mi lugar y en mi cojín». ¿Por qué? Porque el instinto de territorialidad se había disparado en mi cerebro y sentía que me lo habían arrebatado. Por suerte, mi corteza prefrontal se puso en línea rápidamente y comprendí que había muchos otros sitios y cojines libres.

Seguimos funcionando con ese instinto de territorialidad cuando sentimos un lugar como propio, y si alguien lo ocupa, nos sienta mal; acabamos de llegar y ya sentimos que es «nuestro sitio».

¿De dónde surge ese comportamiento? Obsérvate a ti mismo, es probable que tengas *tu sitio* en la mesa, *tu lado* en la cama, tu sillón, haces los mismos recorridos habitualmente, vas a desayunar al mismo sitio, etcétera. Sin duda, la parte primaria está actuando mientras la corteza cerebral no le dé otra información.

• **Evitación:** cuando un animal vive una experiencia negativa —pongamos que come algo que le sienta mal—, esta experiencia queda grabada en la amígdala cerebral, centro de detección del peligro, y así la próxima vez evitará comer de nuevo eso que le sentó mal. Está claro que la evitación también nos ha permitido sobrevivir como especie. Tratar de evitar eso que nos sentó mal, esa experiencia negativa y su contexto, tiene la función de protegernos para nuestra supervivencia y bienestar. La evitación está relacionada con la reacción primaria de huida, aunque la reacción cortical podría ser desarrollar recursos para experiencias futuras que nos permitan sobreponernos a ello.

GEMMA SALA: Recuerdo que cuando estudiaba psicología iba a la universidad en moto, algo muy común en la ciudad de Barcelona debido al clima templado que hace durante todo el año. Un día, cuando me dirigía a la universidad, me salió inesperadamente un coche en el cruce de dos calles. Al parecer, el conductor del coche no había visto que tenía el semáforo en rojo porque salía de un aparcamiento. ¡Y tampoco me había visto a mí! La consecuencia fue que tuve que frenar en seco y caí al suelo en mitad de una calle importante del barrio de l'Eixample. Recuerdo que todo sucedió muy rápido y de repente me encontré en el suelo; mi moto también estaba en el suelo y toda la calle se hallaba cubierta de papeles que se habían caído de la carpeta de mis apuntes. A pesar de lo aparatosa que fue la caída, no me pasó nada. Sin embargo, a la mañana siguiente me di cuenta de que tenía miedo y no podía pasar por el mismo cruce de calles. Eso me contrarió mucho porque esa calle me venía bien al salir de mi casa para llegar a la universidad, pero el accidente había puesto en marcha mi instinto de evitación. No fue, hasta al cabo de varias semanas, cuando elaboré la respuesta desde mi corteza prefrontal porque me di cuenta de que seguir con el miedo y la evitación no me resultaba nada práctico. Así que un buen día, me armé de valor y me dije a mí misma: «¡¡¡adelante, tú puedes!!!, no tiene por qué ocurrir nada si paso por ese cruce de nuevo, alimentar este miedo no tiene sentido». Respiré hondo, cogí la moto y conduje por ese cruce de calles sin ningún tipo de dificultad. Desde ese día, me sentí más libre para decidir por qué calles conducir. ¡Dejé de sentirme dominada por mi cerebro primario!

• Reacción primaria de **poder:** cuando se siente la necesidad de tener la razón y decir la última palabra, puede incluso desembocar en peleas. Pero sin llevarlo tan lejos, muchas veces las relaciones quedan dañadas como resultado de la tensión. ¿Qué razón cerebral lo apoya? Si no se tiene la razón, se puede sentir que se vale menos ante los demás. Querer tener siempre la razón es una reacción primaria de poder: el animal que tiene el poder domina. Los animales a veces reaccionan amedrentando al otro para que huya o se someta, y así evitan la lucha.

William Ury, especialista internacional en negociación, siempre recomienda que cuando entremos en una negociación dura, nos centremos en el problema y dejemos a las personas fuera de la negociación; ser duros con el problema y blandos con las personas. Un método de enfoque ideal para no convertir la negociación en una lucha de egos, lo que suele tener mal pronóstico.

Hay que tener en cuenta que siempre que aparece un peligro, la amígdala se activa y dispara mecanismos de supervivencia; es la responsable de que no borremos las huellas de nuestros traumas. La parte primaria es defensiva y tiende a evitar situaciones peligrosas. Eso nos ha ayudado en nuestra supervivencia, pero para poder sentirnos más libres, más felices, y poder convivir en armonía con los otros, debemos aprender a gestionar estas reacciones primarias.

Entrenar la corteza prefrontal

No se trata de que la corteza prefrontal «controle», sino más bien de que tranquilice e indique al sistema límbico que no existe peligro, y que se encarga ella de la situación tomando las riendas y evitando una reacción primaria del cerebro antiguo. Esa comunicación es la que fundamenta la inteligencia emocional.

Cada día, si nos observamos, veremos muchas reacciones primarias propias o de los otros. Cuando se trata de relacionarnos y mejorar nuestras habilidades, necesitamos entrenar nuestra corteza prefrontal para gestionar de una manera adaptativa estas reacciones primarias. Ello nos proporcionará mayor libertad y felicidad.

Plegaria de la serenidad

Señor, concédeme serenidad para aceptar
las cosas que no puedo cambiar,
valor para cambiar las cosas que soy capaz de cambiar
y sabiduría para reconocer la diferencia...

Reinhold Niebuhr, 1940

Práctica: ¿Qué puedes hacer para entrenar tu corteza frontal?

- **Para - respira - reflexiona:** identifica las generalizaciones y los prejuicios. Trata de eliminarlos.

- **Autoobsérvate:** verte desde fuera y contemplarte en el día a día, especialmente si te has visto reaccionando en lugar de dando una respuesta satisfactoria. El hecho de tomar conciencia es el primer paso para la autogestión y el cambio.

- Juega a **retrasar la gratificación** por una opción posterior más ventajosa: el córtex prefrontal es el que lo consigue y, como hemos visto en el test del Marshmallow, tiene consecuencias más positivas.

- **Exponte/explora nuevos cambios** con confianza: ayuda a ser más flexible y adaptativo a estos.

- **Supera las dificultades y no las evites** de forma automática: analiza lo que es necesario o conveniente cambiar y hazlo.

- **Conoce las reacciones primarias** cerebrales para poderlas modular. Desarrolla la inteligencia emocional. Reflexiona sobre tu día a día:

  - ¿Qué dispara tus respuestas reactivas en lugar de las proactivas?
  - ¿Hay algo que evitas, aunque sería mejor que no lo hicieras?
  - ¿Qué te hace estar a la defensiva?
  - ¿Qué te ayuda a estar bien?

Y recuerda, aunque este modelo de los tres cerebros nos ayuda a comprender en parte la evolución del mismo, ahora, y gracias a los avances tecnológicos, sabemos que el cerebro por regiones hace tiempo que se abandonó y que los últimos estudios aclaran que su evolución no fue lineal ni gradual y que todavía hay mucho por conocer.

Por último, ¿sabías que el cerebro no está en reposo mientras duermes? Al contrario, **el cerebro está muy activo mientras duermes,** integrando experiencias y aprendizajes que has realizado a lo largo del día. En realidad, el cerebro consume la misma energía durmiendo que cuando estás en estado de alerta y recoges información del mundo que te rodea. Los neurocientíficos consideran el cerebro como el órgano más costoso del cuerpo humano, porque aunque solo ocupa el 2% de la masa corporal, consume hasta un 25% de la energía que gasta el cuerpo.

Así que deberíamos tratarlo como un bien muy preciado, y ser más selectivos en cuanto a qué vemos, escuchamos, leemos, estudiamos, etcétera.

2. El cerebro es social

Para que el cerebro se desarrolle con normalidad, el bebé necesita, además de alimentos y cuidados básicos, un entorno cariñoso y estimulación psicomotora. Un ejemplo de ello lo tenemos en el caso de los orfanatos de Rumanía. En 1966, Ceauşescu prohibió el aborto y la contracepción en Rumanía con el fin de tener más mano de obra.

El resultado fue que las familias más pobres no podían mantener tantos hijos, por lo que pronto los orfanatos se vieron desbordados. El dictador rumano se mantuvo en el poder durante 24 años y cuando murió, en 1989, había unos 170.000 niños abandonados en orfanatos estatales. Estos niños crecían con privación afectiva y escasa estimulación psicomotora. Pronto se pudo ver el impacto en los cerebros en desarrollo de estos bebés y niños que crecían en instituciones de este tipo.

Los niños permanecían en sus cunas sin estímulos sensoriales. Había un cuidador por cada 15 niños, a los que además se les instruía para no cogerlos o hacer ninguna demostración de afecto, ni siquiera cuando lloraban. Les preocupaba que luego los niños pidieran más afecto y expresiones de cariño, y eso era imposible de atender con tan pocos cuidadores. A los niños, los ponían en fila en orinales de plástico para hacer sus necesidades. Todos vestían igual y llevaban el mismo corte de pelo, independientemente de su sexo, se alimentaban según los horarios, etcétera. Todo muy mecanizado.

Si los lloros de un niño no son atendidos, el niño pronto aprende a no llorar. A los niños no se les abrazaba, no jugaban con ellos, no tenían cuidado emocional ni apoyo, ningún tipo de estimulación. Una característica bastante común en niños crecidos en orfanatos es que hacen amistad con todo el mundo, indiscriminadamente, y aunque eso pueda hacerles parecer muy cariñosos y sociables, está muy relacionado con problemas de vínculo a largo plazo en la edad adulta.

Con el objetivo de comparar el desarrollo cognitivo de los niños abandonados en orfanatos con el de los niños que vivían en familias de acogida y niños de la población general, varios neurocientíficos crearon el Proyecto de Intervención Temprana en Bucarest. Los niños tenían una media de 20 meses de edad al empezar este estudio y se les hizo un seguimiento a los 30, 42 y 54 meses y a los 8 años. Una de las conclusiones del estudio fue que los dos primeros años de vida son un período sensible en el que los cuidados de una familia ejercen la máxima influencia sobre el desarrollo cognitivo. Así, los niños criados en instituciones mostraban un deterioro en el cociente de inteligencia y deterioro socioemocional, por ejemplo, con menores índices de apego y mayor incidencia de trastornos psiquiátricos. Por tanto, los factores psicosociales adversos en edades tempranas influyen negativamente en el desarrollo cognitivo. El cerebro es social y *las neuronas espejo* parecen tener un gran protagonismo en esta cuestión, como veremos más adelante.

Las buenas noticias son que los niños se pueden recuperar hasta cierto punto una vez son llevados a un entorno amoroso y seguro; sobre todo si tienen menos de dos años. Después de los dos años hacen mejoras, pero dependiendo de la edad pueden presentar diferentes niveles de dificultades en su desarrollo.

Todo ello ilustra hasta qué punto el entorno en el que uno nace esculpe el cerebro y cuán importante son los padres o cuidadores para tener un cerebro sano, pues nuestro cerebro es social. Además, hay que tener en cuenta que cada experiencia, cada aprendizaje cambia nuestro cerebro, de ahí que se diga que... ¡de cerca no hay dos cerebros iguales! La psicoterapeuta familiar Virginia Satir lo expresa maravillosamente en su poema «Yo soy yo»:

Yo soy yo

En todo el mundo no existe nadie exactamente igual a mí.
Hay personas que tienen aspectos míos, pero en ninguna
    forma el mismo conjunto mío.
Por consiguiente, todo lo que sale de mí es auténticamente
    mío porque yo sola lo elegí.
Todo lo mío me pertenece: mi cuerpo, todo lo que hace;
mi mente, con todos sus pensamientos e ideas;

mis ojos, incluyendo todas las imágenes que perciben;
mis sentimientos, cualesquiera que sean: ira, alegría,
frustración, amor, decepción, emoción;
mi boca, y todas las palabras que de ella salen: refinadas,
    dulces, o cortantes, correctas o incorrectas;
mi voz, fuerte o suave, y todas mis acciones, sean para otros
    o para mí.
Soy dueña de mis fantasías,
mis sueños, mis esperanzas, mis temores.
Son míos mis triunfos y mis éxitos,
todos mis fracasos y errores.
Puesto que todo lo mío me pertenece, puedo llegar a conocerme
    íntimamente.
Al hacerlo, puedo llegar a quererme y sentir amistad hacia
    todas mis partes;
puedo hacer factible que todo lo que me concierne funcione
    para mis mejores intereses.
Sé que tengo aspectos que me desconciertan y otros que
    desconozco.
Pero mientras yo me estime y me quiera,
puedo buscar con valor y optimismo soluciones para las
    incógnitas
e ir descubriéndome cada vez más.
Como quiera que parezca y suene, diga y haga lo que sea,
piense y sienta en un momento dado, todo es parte de mi ser.
Esto es real y representa el lugar que ocupo en ese momento
    del tiempo.

*A la hora de un examen de conciencia, respecto de lo que he
dicho y hecho,*
*de lo que he pensado y sentido, algunas cosas resultarán
inadecuadas.*
Pero puedo descartar lo inapropiado, conservar lo bueno
e inventar algo nuevo que supla lo descartado.
Puedo ver, oír, sentir, decir y hacer.
Tengo los medios para sobrevivir, para acercarme a los demás,
para ser productiva y para lograr darle sentido y
orden al mundo de personas y cosas que me rodean.
Me pertenezco y así puedo estructurarme.
Yo soy yo y estoy bien.

Virginia Satir

El descubrimiento de las neuronas espejo

El sistema operativo del cerebro es social, y eso es lo que nos
ha permitido sobrevivir y evolucionar, lo que nos configura
como seres humanos. Las neuronas espejo parecen tener un
gran protagonismo en esta cuestión. Pero vamos a ver primero
cómo se descubrieron.

En 1996, el neurocientífico Giacomo Rizzolati trabajaba
con su equipo en la Universidad de Parma, Italia. Habían co-
locado electrodos en la corteza frontal inferior de un mono
macaco para estudiar sus neuronas motoras. Estas neuronas se
activan cuando se realiza una acción. Concretamente, estaban

estudiando las neuronas especializadas en el control de los movimientos de la mano, por ejemplo al coger objetos o ponerlos encima de algo. Durante el experimento se registraba la actividad neural del cerebro del simio mientras tomaba trozos de alimento, de manera que los investigadores podían medir la respuesta a tales movimientos.

Al parecer, un colaborador del equipo de Rizzolati que estaba al lado de un frutero cogió un plátano y, en ese momento, observaron que algunas de las neuronas del mono reaccionaban y se preguntaron: «¿Cómo puede ser, si el animal no se ha movido?». Al principio, pensaron que era un error en su técnica de medición o un fallo del equipo, pero comprobaron que todo funcionaba bien y que las reacciones neuronales ocurrían cada vez que repetían el movimiento y el macaco los observaba.

Lo que Rizzolatti encontró fue que un subconjunto de estas neuronas motoras, aproximadamente un 20% de ellas, también se activan cuando se mira a alguien que está realizando una acción. Es decir, si tomo algo, se activan neuronas espejo, pero también se activan cuando veo a alguien tomar algo. Eso es lo más fascinante, porque es como si esta neurona estuviera adoptando el punto de vista de la otra persona, como si se tratase de una simulación de la realidad virtual de la acción de la otra persona. Por eso también se las conoce como *neuronas de la empatía*.

Así se descubrieron las neuronas espejo. Como ocurre a menudo con la ciencia, y como ha pasado con muchos otros avances, los descubrimientos aparecen inesperadamente, por sorpresa, sin que se esté buscando ese resultado. Pero como dice el dicho: «Que la inspiración te encuentre trabajando».

Tras profundizar en la investigación se hallaron neuronas espejo en las regiones parietal inferior y frontal inferior del cerebro.

Figura 7. *Descubrimiento de las neuronas espejo.*
Giacomo Rizzolati, 1996.

El funcionamiento de las neuronas espejo

Rizzolati y sus colaboradores demostraron que existe un grupo de células nerviosas que se activan cuando se realiza una acción, pero también cuando se observa a otro ejecutar una acción, y, sorprendentemente, también cuando uno se imagina o tiene una representación mental de esa acción. De ahí que se utilice la palabra «espejo». En relación con las dos últimas situaciones, lo que sucede es que las neuronas reproducen la misma actividad neural correspondiente a la acción observada o imaginada, pero sin realizar la conducta propiamente. Se moviliza una respuesta neural refleja en el cerebro con solo tener una representación mental de la acción. De ahí se concluye que el sistema de neuronas espejo humano está implicado en la comprensión de las acciones de los demás y las intenciones que hay tras ellas.

Figura 8. *Neuronas espejo.*

Otra cuestión fascinante sobre estas neuronas espejo es que parece que solo se activan cuando un determinado movimiento observado está orientado a un objetivo. Tanto en los macacos del estudio como en otros animales, así como en los humanos, este grupo de neuronas se activan cuando al observar una acción hay un intención en ella (en el caso del descubrimiento, el movimiento del científico en el laboratorio significaba que el mono le atribuía una intención a esa acción de alargar el brazo: coger un plátano).

Los neurocientíficos han estudiado cómo el *cerebro humano crea representaciones de la mente de los otros*. O sea, que las neuronas espejo revelan una vez más que nuestro cerebro es social, y que creamos mapas intencionales cuando estamos con otros. Atender a las intenciones de los otros (por ejemplo, una madre con su hijo, dos amigos, o un *coach* con su cliente) nos ayuda a crear sintonía interpersonal.

Puesto que el descubrimiento de las neuronas espejo se realizó durante el estudio cerebral de los macacos, es obvio que no es una respuesta solo humana, sino que también se aprecia en algunos animales, aunque cabe añadir que a ellos les faltan capacidades evolutivas como el lenguaje, que ha sido uno de los cambios genéticos más importantes para el desarrollo cultural y de la civilización.

Neuronas espejo, las neuronas de la empatía

La empatía entendida como la capacidad humana de compartir, simpatizar, comprender y experimentar el estado emocional de otra persona podría explicarse a través del concepto de neuronas espejo. Ser verdaderamente humano es tener la capacidad de experimentar las alegrías y tristezas de los demás. Algunos estudios manifiestan que la falta de empatía es un componente revelador de varios trastornos mentales.

Los estudios realizados con neuroimagen demuestran la existencia de dos sistemas neurales con neuronas espejo: el parietofrontal y el límbico. El sistema parietofrontal lo componen neuronas del lóbulo parietal y neuronas del lóbulo frontal (corteza premotora y giro o circunvolución frontal inferior). El sistema límbico lo componen la corteza frontal anterior y la corteza de la ínsula.

El sistema espejo parietofrontal está implicado en el reconocimiento del comportamiento voluntario, mientras que el sistema del espejo límbico está dedicado al reconocimiento del comportamiento afectivo.

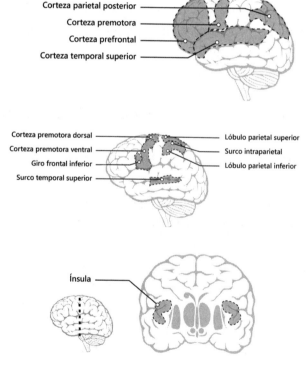

Figura 9. *Localización de diferentes redes con activación espejo.*

Según el neurocientífico Marco Iacobini, la empatía permite la resonancia emocional, algo fundamental en las relaciones sociales. O sea, que hay representaciones mentales de los otros que se vinculan con el procesamiento límbico/emocional, central en la ínsula, que es como una autopista de información que responde a la activación de las neuronas espejo, provocando disparos neuronales que facilitan la resonancia emocional, o contagio emocional entre personas. Esta sintonía con el otro, este poder resonar con el otro, es una competencia especialmente importante para determinadas profesiones: enfermeros, médicos, psicólogos, *coaches*, profesores, líderes, etcétera. Resulta fundamental para aquellos profesionales que trabajan con personas que necesitan «sentirse vistos y sentirse sentidos». Efecto placebo asegurado.*

Neuronas espejo, responsables de la imitación

El neurocientífico Ramachandran, que ha estudiado las neuronas espejo, dice que estas están involucradas en la imitación, y esto es posible porque imitar un acto complejo requie-

---

* El efecto placebo (del latín placēbō, *complaceré*) es el efecto que se produce en la salud o bien como respuesta psicológica. El placebo puede ser por ejemplo una pastilla de azúcar, una terapia o una simple afirmación que apela a las creencias de la persona. El placebo suele ser parte de estudios científicos y representa respuestas positivas de parte del individuo y que no se deben al efecto específico de ningún tratamiento médico o psicológico.

re que el cerebro adopte el punto de vista de otra persona. Eso explicaría cómo avances importantes de la humanidad como el descubrimiento del fuego, el uso de herramientas, y por supuesto el lenguaje, hagan una aparición repentina y se propaguen rápidamente. Gracias a este sistema sofisticado de neuronas espejo, cuando alguien de una tribu hacía un descubrimiento por casualidad, este se podía extender rápidamente de manera horizontal a toda la población y vertical entre generaciones.

Tanto la imitación como la percepción del estado mental del otro, en el que están involucradas las neuronas espejo, han sido fundamentales para nuestra supervivencia en sociedad.

Experiencia y aprendizaje motor

Otra curiosa particularidad de las neuronas espejo es que solo los movimientos que están presentes en el repertorio del observador son eficaces en la activación del sistema espejo.

Se realizó un estudio con voluntarios humanos sanos a quienes se les realizó mediciones cerebrales con resonancia magnética al presentarles expresiones orales (gruñidos, ladridos, gritos, etc.) hechas por humanos, monos y perros. Los datos demostraron que el hemisferio izquierdo y el giro frontal inferior respondían a acciones hechas por un humano y un no humano, siempre y cuando la acción fuera parte del repertorio del observador humano (por ejemplo, morder para comer).

Pero el sistema espejo no se activó cuando la acción pertenecía a otra especie (por ejemplo, ladrar).

Esto también se ha demostrado en experimentos que usaban pasos de danza como estímulos observados. Primero, se vio que, en el observador, la cantidad de activación de las neuronas espejo se correlacionaba con el grado de su habilidad motora para realizar esa misma acción. Por ejemplo, observar pasos específicos para bailarines masculinos produjo una mayor activación del espejo en bailarines profesionales que los realizados por bailarinas, y viceversa.

Otro estudio muy interesante observaba el mecanismo implicado en el aprendizaje por imitación tocando música. Se les pedía a los participantes que imitaran acordes de guitarra interpretados por un músico experto. Las activaciones corticales fueron mapeadas durante la observación de las cuerdas mientras tocaba la guitarra un experto, al hacer una breve pausa y luego tocando propiamente el instrumento ellos. Los resultados mostraron que durante la pausa entre observar y tocar la guitarra hubo una fuerte activación del sistema espejo, debido a la formación de nuevos patrones motores, la equivalencia a lo que llamamos aprendizaje.

Desde el punto de vista clínico, algunos déficits funcionales típicos del autismo, como el déficit de imitación, empatía emocional y atribución de intenciones de los otros, tienen una clara contrapartida en las funciones del sistema espejo, es decir, hay una menor activación.

Neuronas espejo en las profesiones de ayuda

«La comprensión del significado de las acciones ajenas sería la función principal de las neuronas espejo.»

G. Rizzolatti

Este tipo de células nerviosas que se encuentran ubicadas en la corteza frontal inferior del cerebro, cercanas a la zona del lenguaje, permite a los científicos estudiar la relación existente entre el lenguaje y la imitación de gestos y sonidos.

La imitación, que es una capacidad innata, se puede observar en bebés recién nacidos que son capaces de imitar movimientos faciales como abrir la boca o sacar la lengua (conductas que ya están en el repertorio del recién nacido probablemente por el efecto de la succión del pecho de la madre), lo que demuestra que la capacidad para imitar está presente desde el nacimiento. «Yo misma lo he comprobado –relata Gemma Sala– con el bebé de unos amigos cuando apenas tenía 24 horas de vida. Yo miraba a la cara de la pequeñita, abría la boca y sacaba la lengua. Pronto reaccionó y lentamente fue capaz de traducir lo que veía en acciones parecidas mediante la imitación: abrió la boquita y sacó la lengua repetidas veces. No es una imitación consciente, claro, porque un bebé no sabe ni que tiene cara, pero las neuronas espejo hicieron su trabajo.»

Las neuronas espejo son las encargadas de hacernos bostezar cuando otra persona bosteza, o de que nos encontremos imitando un gesto de alguien con quien estamos conversando sin saber por qué. Esto es muy interesante para el profesional de ayuda, para poder hacer *rapport* de una manera extremadamente natural.

A las neuronas espejo, también se las llama *neuronas de la empatía* porque son las responsables de que podamos comprender los estados emocionales de los otros, otra cuestión fundamental para la praxis en las profesiones de ayuda. Cuando vemos a alguien que expresa miedo, ira, tristeza, alegría, etcétera, comprendemos su estado emocional, porque se activan nuestras neuronas espejo. Es así como funciona. Esto nos lleva a ponernos en su lugar y experimentar nosotros mismos un estado emocional similar, demostrando una vez más que somos seres sociales. Por eso decimos que la comprensión del significado de las acciones ajenas sería la función principal de las neuronas espejo.

En el caso de lesiones que impliquen deficiencias en el funcionamiento de las neuronas espejo podrían suponer una incapacidad para ponerse en el lugar del otro, y, por tanto, la incapacidad para experimentar empatía y compasión.

El neurocientífico Marco Iacoboni afirma que los terapeutas, psicólogos, *coaches*, etcétera, desarrollan un grupo de *neuronas espejo supervisoras* que, según su hipótesis, son componentes de capacidades que permiten resonar con los clientes/pacientes sin contagiarse emocionalmente; resonando pero sin perderse en la experiencia del otro. Las neuronas espejo nos permiten sintonizar con el otro, y ahí está la base del cambio. El *coachee* necesita *sentirse sentido* por su *coach*.

El paciente necesita *sentirse visto* por el médico o terapeuta. Ya no está solo, está conectado. Poder sintonizar con la intención del otro aporta sensación de intimidad emocional y genera sintonía interpersonal. Esta dinámica *per se* puede llegar a tener un efecto placebo.

La ICF –International Coach Federation– define 11 competencias que el *coach* profesional debe dominar. Una de ellas es «Estar presente en el *coaching*». Es la resonancia, el resultado funcional de la sintonía emocional con el otro. Todo un baile de neuronas espejo entre dos cerebros.

Neuronas espejo y liderazgo

Vamos a explorar en esta parte la conexión entre la empatía, las neuronas espejo, y cómo el entrenamiento en neuroliderazgo mejora mediante el uso de esta capacidad humana que es la empatía que ocurre de manera natural. Según los autores Marco Iacoboni y Roger W. McHaney, podemos hablar de 4 niveles de implicación de las neuronas espejo con el liderazgo:

1. **Los líderes pueden entender mejor a los demás mediante una mejor comprensión de sí mismos.**
   Los estudios en competencias en inteligencia emocional revelan que lo primero que hemos de desarrollar es el autoconocimiento; como decían los griegos en el oráculo de Delfos: «Conócete a ti mismo». También lo dijo C.G. Jung: «Conocerse

a uno mismo es la mejor manera de poder conocer a los demás». De la misma manera, aumentar la autoconciencia también aumenta la conciencia social y puede resultar en un liderazgo mucho más eficaz, puesto que puede ayudar a detectar miedos y problemas en el lugar de trabajo. El líder puede desarrollar y mejorar su capacidad de percepción y «lectura» del otro mediante el desarrollo de la habilidad natural del cerebro para interpretar y comprender expresiones faciales, la entonación del habla, el lenguaje corporal y una serie de otras señales afectivas relacionadas con la empatía y que intervienen en la comunicación no verbal.

Si se fortalece el circuito del cerebro neural utilizado para desarrollar la autocomprensión de uno mismo, es lógico que las mismas estructuras puedan mejorar la capacidad de empatía de un líder y, en última instancia, su capacidad de entender a los demás (Baron-Cohen, 1997). Las aplicaciones prácticas de estas ideas demuestran que el desarrollo de la atención plena o *mindfulness* es una técnica que ayuda incrementar la empatía (Hassad, 2008).

2. **Los líderes deben convertirse en modelos a seguir y mostrar comportamientos positivos y deseables.**
Sin necesidad de que intervenga el pensamiento consciente, un observador puede ponerse en los zapatos de alguien. Teniendo en cuenta que el líder siempre es la persona de referencia, si el líder muestra comportamientos positivos y deseables, como, por ejemplo, la colaboración, estos podrían ser

modelados y convertirse en la norma. Pero también puede ocurrir al revés, es decir, si comportamientos no deseables del líder son constantemente simulados, como, por ejemplo, un trato discriminatorio o injusto, estos circuitos cerebrales pueden ser fortalecidos y expandirse. La capacidad de influir, como es sabido, ocurre principalmente de arriba hacia abajo en la organización.

3. **El contexto social y la experiencia previa con un individuo pueden suprimir la empatía.**
El filósofo australiano Peter Singer (1946, Melbourne, Australia) y sus colegas diseñaron un juego llamado *el dilema del prisionero* que fue interpretado por actores, aunque los sujetos que participaban en él no lo sabían, al contrario, creían que el juego era real. Uno de los actores usó una estrategia justa y los participantes respondieron cooperando. El otro actor que jugó de manera injusta provocó que desertaran versus la respuesta de cooperación hacia el primer actor. En última instancia, el experimento mostró que los observadores tienden a simpatizar más con los cooperadores que con los desertores.

Implicaciones: si un empleado percibe que su jefe es justo y equitativo, es más probable que empatice con él y que coopere en el logro de las metas de ese líder. Ocurre todo lo contrario cuando el jefe es percibido como injusto, la cooperación se puede convertir en desatención, desinterés, desmotivación e incluso deserción.

4. **La comprensión de las superneuronas espejo puede ayudar a moderar los comportamientos no deseados.**

Estas superneuronas espejo pueden ser comparadas a interruptores que se encienden («on») o apagan («off») impidiendo que se activen acciones inapropiadas (Iacoboni, 2008). La comprensión y la aplicación de la neurociencia tienen el potencial de cambiar la forma en que los líderes efectivos conectan a sus seguidores entre sí, teniendo en cuenta las múltiples redes relacionales que se pueden establecer dentro de una organización. Ahora ya podemos decir que los cerebros también están conectados entre sí. Al comprender conceptos como la empatía y las neuronas espejo, el liderazgo puede convertirse en algo más que en un proceso de arriba hacia abajo; se convierte en un intercambio interactivo que, en muchos casos, ocurre a un nivel subconsciente. Los empleados buscan pistas en los *managers* e imitan sus comportamientos de manera consciente y subconsciente. Para los líderes, esto tiene importantes implicaciones, en cuanto a la importancia de mantener una perspectiva positiva y constructiva y también proporcionar ejemplos de comportamientos positivos y deseables, que serán emulados por los otros.

Neuronas espejo y mindfulness

Mindfulness significa tener la mente presente, o atender el momento presente, ni el pasado ni el futuro, sino el aquí y ahora con intención y con atención. Este término, introducido por el profesor de medicina Jon Kabat-Zinn, se refiere a «prestar atención de manera intencional al momento presente, sin juzgar».

La práctica y entrenamiento en el mindfulness nos ayuda a salir del piloto automático con el que funcionamos la mayor parte del tiempo. Y salir del piloto automático es como el despertar de nuestra mente que, plenamente atenta a lo que hacemos, nos permite la metacognición, algo fundamental para reconocer cómo son los patrones emocionales y de pensamiento de uno mismo. Para muchas personas, comprender que uno NO es sus pensamientos, ni sus emociones, ha resultado ser enormemente terapéutico y revelador, además de conllevar muchísimo autoconocimiento. Ser capaz de observar desde la aceptación y sin juzgar ese «ruido de la mente» es prestar atención.

Como dice Daniel J. Siegel, el trabalenguas sería el siguiente: «La intención de prestar atención a la intención de estar atento». Por ejemplo, mi intención puede ser prestar atención a practicar una respiración atenta. Tengo intención de atender esa intención sobre la que me he propuesto poner mi atención: la respiración.

Tanto la sintonía interpersonal como la intrapersonal, al parecer, integran el sistema de neuronas espejo. Como escribe Daniel J. Siegel: «Lo que podría pasar es que las neuronas espejo y las áreas relacionadas que se activan en la comunicación interpersonal nos permitieran resonar con nosotros mismos». Podríamos decir que la práctica del mindfulness es una forma de estar atentos en la que compartimos nuestros estados mentales con nosotros mismos.

El líder mindful
Consejos para la meditación cotidiana

- Practicar meditación cada día al menos 10 minutos, dos veces al día. Es importante la regularidad.
- Si te cuesta meditar en silencio 10 minutos, puedes hacerlo caminando conscientemente, o con otro tipo de práctica.
- Si lo haces sentado en una silla, pon las plantas de los dos pies apoyadas en el suelo, la espalda, el cuello y la cabeza rectos y apoya las manos en el regazo.
- Si prefieres meditar en el suelo, toma un cojín o una manta, cruza las piernas frente a ti y siéntate en la mitad delantera del cojín, basculando levemente la pelvis hacia delante.
- Si un día olvidas meditar, o pierdes el hábito, retómalo en cuanto puedas.

Fuente: *Mindfulness en el liderazgo*, Janice Marturano (2017).

Práctica de la meditación de la silla de trabajo

Esta meditación está pensada para practicar en el lugar de trabajo. La mayoría pasamos muchas horas en nuestra silla de escritorio. También se puede hacer en otros sitios, como algunas personas han expresado que prefieren: en una sala de reuniones tranquila o saliendo de la oficina y sentándose dentro del coche, o bien en un parque cercano, o en la butaca de un avión.

Tú, como *coach*, lo puedes practicar con tu cliente, y así lo aprende para luego poderlo practicar en su oficina. Se realiza de la siguiente manera: empieza asegurándote de que no tendrás interrupciones; sentado en la silla de escritorio presta atención a la respiración.

Siéntate correctamente y atiende a las sensaciones. Observa. Respira. Dirige la atención a las plantas de los pies y abre la mente para percibir cualquier sensación que aflore. Observa cómo están las plantas de tus pies y los dedos de los pies: fríos, calientes... No juzgues, ni entres en pensamientos discursivos. Si tu mente se distrae, llévala de nuevo suavemente hacia tu centro de atención. Luego ve dirigiendo tu atención a los tobillos, las piernas, las rodillas..., ve escaneando progresivamente todo tu cuerpo, tomando conciencia de las sensaciones, y notando si hay algún malestar o tensión. Si es así, puedes dirigir tu respiración a ese punto con la intención de relajarlo. No necesitas buscar ninguna sensación, sigue escaneando tu cuerpo: las nalgas, la pelvis, el estómago, la cintura y el diafragma. Tómate el tiempo que necesites y ábrete a lo que descubras. Sigue escaneando el pecho, los hombros, los brazos, las manos y los dedos de las manos. Relaja el cuerpo respirando profundamente, relajando el cuello, la cabeza, así como todos los músculos de la cara. Asegúrate de que no aprietas las mandíbulas y que toda tu cara está relajada. Observa cómo una sensación de tranquilidad, relajación y bienestar te inunda.

Fuente: Adaptación libre a partir de *Mindfulness en el liderazgo*, Janice Marturano (2017).

3. Plasticidad cerebral y neuroaprendizaje

La neurociencia del cambio

¿Te atreves a cambiar, a construir la vida y los sueños que quieres ver crecer?

¿Sabes que tu mente tiene la capacidad de crearse y recrearse? Tu mente puede cambiar tu cerebro. Hoy sabemos que nuestro cerebro evoluciona cuando está motivado y aprende, más aún, si se hace disfrutando. Además, es capaz de aprovechar mejor las oportunidades a las que estás expuesto.

La plasticidad cerebral se refiere a la capacidad de cambio, adaptación y aprendizaje que tiene el cerebro. El cerebro no es un órgano que queda fijado en la adultez como se creía hasta hace relativamente poco tiempo, sino que, al contrario, es un órgano sofisticado y adaptable que cambia cada vez que tenemos una experiencia o hacemos un aprendizaje. Es como plástico moldeable, de ahí la expresión *plasticidad cerebral.*

El cerebro es el órgano más fascinante del cuerpo humano, tiene la capacidad de regenerarse constantemente a través del sueño, la nutrición, los buenos hábitos y la meditación, a cualquier edad, incluso en la vejez. Por eso sabemos, desde el punto de vista de la neurociencia, algo muy importante: los pensamientos, las emociones, los cambios de comportamiento o los malos hábitos pueden cambiarse o mejorar, incluso cuando hay lesiones.

¡Ahora mismo, mientras estás leyendo este libro, tu cerebro está creando conexiones neurales que lo modifican!

Una capacidad innata, clave en el estudio del aprendizaje y la memoria, es la *plasticidad sináptica*, cuya fuerza de las conexiones neurales, a través de las sinapsis, puede variar de acuerdo con las experiencias y el aprendizaje, el uso o desuso de estas.

Pero ¿cómo funciona eso de la plasticidad? El cerebro es maleable. El cerebro es un órgano cableado lleno de caminos o carreteras que se encienden cada vez que piensas, sientes o haces algo. Algunos de estos caminos se han transitado muchísimas veces, esos son tus hábitos, tu manera de hacer, pensar o sentir. Imagínate que delante de tu casa tuvieras un campo de hierba que cruzas cada día al salir. Si siempre lo hicieras por el mismo sitio, ese camino quedaría muy marcado porque la hierba ahí estaría pisoteada y marcaría el sendero. Y cuanto más lo transitaras, más marcado estaría. O sea, que cada vez que haces, piensas o sientes de una determinada manera, estás reforzando ese camino marcado y al cerebro le resulta muy fácil transitarlo. Está automatizado, lo puedes recorrer sin pensar, con el piloto automático encendido. Puede parecer increíble, pero el ser humano tiene unos 100 billones de neuronas en el cerebro, y entre 10 a 50 veces esa cantidad de células gliales, para poder llevar a cabo los más de 60.000 a 70.000 pensamientos diarios que tenemos. El 75% de ellos provienen de nuestras vivencias y pensamientos pasados, y el 25% son nuevos (National Science Foundation, NSF).

Imagínate el cerebro como una autopista repleta de circuitos y carriles. Por esas autopistas –o vías neuronales–, algunos pensamientos o acciones van muy rápidos y otros, debido a que han sido menos transitados, nos obligan a ir más lentos porque no conocemos bien esos lugares.

Si no aprendemos cosas nuevas –independientemente de la edad–, si no estimulamos el cerebro, este se va marchitando progresivamente; es como si se fuera apagando porque hay menor actividad neural nueva. De hecho, cuando las personas pierden la motivación y la curiosidad para realizar nuevas actividades y mantener relaciones sanas, son más proclives a poder padecer enfermedades como la depresión, el deterioro cognitivo, la enfermedad de Alzheimer o de Parkinson o la demencia senil. Asimismo, resultan muy nocivos los pensamientos y emociones negativos que suelen ser repetitivos y desadaptativos, aquellos que permanecen en nuestro pensamiento más de 10 segundos. Piensa, ¿cuántas veces los has tenido? ¿Crees que es tiempo de cambiar al menos para que los identifiques y no los padezcas con la misma frecuencia?

Imagínate que empiezas a pensar, hacer o sentir de manera diferente respecto a algo o alguien; debes comenzar por proponértelo como un desafío personal. Cuando lo hagas estarás creando nuevas conexiones neurales, que también puedes reforzar, por ejemplo, con la meditación o la visualización (imaginarte un sueño, un deseo). El cerebro no distingue lo que es real de lo que es imaginado, y curiosamente genera la misma química activadora para ayudarte en lo que quieres conseguir, liberando químicos positivos al cerebro: dopamina –placer–, serotonina –felicidad–, noradrenalina –control de la atención y las acciones de respuesta– para conseguir tu objetivo. De esta forma, estarías consiguiendo reforzar tu *cerebro plástico,* hasta que esa nueva manera de hacer, pensar o sentir se convierta en un hábito automatizado.

De la misma manera, al ir transitando menos y menos la antigua vía, esta se debilita; es lo que llamamos *poda neural.* Siguiendo con el ejemplo del camino de hierba delante de tu casa, si escogieras recorrer un nuevo camino, en el viejo iría creciendo hierba y quedaría más desdibujado. Podríamos decir que, si antes era una autopista, ahora se habrá convertido en una carretera secundaria, mientras que el nuevo camino, si lo sigues recorriendo, con el tiempo se convertirá en una nueva autopista. Esta manera que tiene el cerebro de crear nuevas conexiones y reforzarlas, o bien debilitar las viejas, es la neuroplasticidad en acción.

¿Cuándo fue la última vez que hiciste algo por primera vez?

Al hacer algo nuevo creas nuevas ideas, conocimientos y aprendizajes significativos. Los científicos de la Universidad Johannes Gutenberg (JGU, Alemania) han descubierto una nueva vía de señalización en el cerebro que desempeña un papel significativo en el aprendizaje y en el procesamiento de la información sensorial, esto es, el aprendizaje es mayor a través de los sentidos y las experiencias.

En ello intervienen las neuroglias del sistema nervioso que son de 5 a 10 veces más abundantes que las neuronas en el cerebro. Las células gliales dan soporte y protegen las neuronas y permiten más fácilmente la adaptación al entorno. Son las que conectan las ideas y cumplen funciones de sostén y nutrición –cuanto mejores hábitos tengas, mayor prevención– y participan en la formación del pensamiento, operación y modulación de los circuitos de la creatividad.

Es la proteína llamada NG2 la que nos influye en este aprendizaje significativo relacionado con procesos psicológicos que contribuyen a dicho conocimiento, como: la atención, percepción, memoria, representación del conocimiento, motivación, emoción, pensamiento y lenguaje. De hecho, cuando no aprendemos ni sentimos curiosidad por las cosas, nuestras neuroglias se van muriendo lentamente, y nuestro cerebro se va deteriorando, es como si literalmente la corteza cerebral se fuera apagando.

Muere lentamente

Muere lentamente quien no viaja,
quien no lee,
quien no oye música,
quien no encuentra gracia en sí mismo.
Muere lentamente
quien destruye su amor propio,
quien no se deja ayudar.
Muere lentamente
quien se transforma en esclavo del hábito
repitiendo todos los días los mismos trayectos,
quien no cambia de marca,
no se atreve a cambiar el color de su vestimenta,
o bien no conversa con quien no conoce.
Muere lentamente
quien evita una pasión y su remolino
de emociones,
justamente esas que regresan el brillo a los ojos
y restauran los corazones destrozados.
Muere lentamente
quien no gira el volante cuando está infeliz
con su trabajo, o su amor,
quien no arriesga lo cierto ni lo incierto para ir
detrás de un sueño,
quien no se permite, ni siquiera una vez en su vida,
huir de los consejos sensatos...

¡Vive hoy!
¡Arriesga hoy!
¡Hazlo hoy!
¡No te dejes morir lentamente!
¡No te impidas ser feliz!

Martha Medeiros

Muchas de las neuropatologías que existen hoy día son consecuencia de esta muerte diaria, de cómo esto impacta en el funcionamiento neuronal, provocando daños o lesiones en la glía. A veces, con un cambio de hábitos y una mejor nutrición, pueden regenerarse.

Protegiendo tus neurotrofinas, las proteínas del factor del crecimiento celular BDNF, ayudas a mantener la capacidad de las células musculares del corazón para contraerse y relajarse, entre otros efectos. Por ello debes prestar especial atención a:

Nutrición: clave para nuestra supervivencia.

Dormir: regeneramos y protegemos nuestros órganos a través del sueño.

Ejercicio: vital para la oxigenación celular.

Estrés crónico: hay que evitarlo o reducirlo para evitar la oxidación celular y el agarrotamiento.

Efectos de los radicales libres

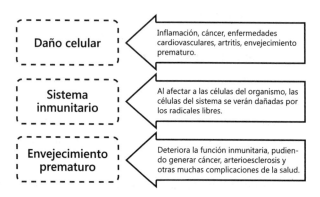

Figura 10. Gráfico: *Educar desde la familia* (2015).

Fuente: *Cómo cuidar tu cerebro*, De la Morena (2018).

Cuando la proteína BDNF está muy baja suele acabar generando trastornos crónicos asociados (Pedersen *et al.*, 2009) a la depresión, demencia, diabetes o enfermedades cardíacas y degenerativas.

Las neurotrofinas son muy importantes también porque promueven el nacimiento de nuevas neuronas, la llamada neurogénesis.

¿Conoces el efecto Flynn?

Somos más inteligentes que nuestros antepasados. Como parte de la evolución natural, cada generación siempre se había creído que era un 0,3 de CI (coeficiente intelectual) superior, según el investigador político neozelandés James Flynn. Sin embargo, recientemente investigadores noruegos del Centro de Investigación Económica muestran que también existe el efecto Flynn negativo como consecuencia de causas ambientales y no genéticas, es decir, que los entornos y la nutrición son de vital importancia. Comer pescado, al menos una vez cada siete días, se vincula a una mejor calidad de sueño en la infancia y a un mejor CI a largo plazo (Universidad de Pennsylvania).

La buena noticia es que todos, y a cualquier edad, tenemos la posibilidad de cambiar porque podemos *recablear* nuestro cerebro. Si alguna vez has dejado de fumar o has cambiado algún otro mal hábito, o has pensado sobre algo de una manera diferente, o has sentido una emoción diferente respecto a algo o a alguien, has experimentado la neuroplasticidad por ti mismo. Con la atención puesta en aquello que quieres cambiar y repitiéndolo y repitiéndolo, puedes *recablear* tu cerebro.

Uno de los principios de la neuroplasticidad es que «es difícil cambiar el cableado del cerebro», pero «es relativamente "fácil" desarrollar nuevas conexiones». Cambiar un hábito es mucho más difícil que crear un nuevo hábito. Adquirir una nueva competencia «solo» requiere práctica. El reto es cómo mantener la motivación alta para quedarnos en esa repetición y, ahí, la figura del *coach* puede ser de gran ayuda y un gran apoyo.

La Teoría del cambio intencional de Richard Boyatzis

«La motivación es lo que hace que empieces. El hábito es lo que te mantiene en marcha.»

Jim Rohn

La Teoría del cambio intencional (*Intentional Change Theory* o ICT, Boyatzis, 2006) facilita una explicación para el logro de un cambio sostenible del comportamiento. A nivel individual, la ICT defiende que «el cambio es un proceso complejo, interrumpido por una cantidad de discontinuidades que producen un ciclo repetitivo de desarrollo». Y eso ¿qué significa? Significa que los cambios ni se producen de un día para otro, ni siguen una línea continua, sino que son discontinuos, a veces se avanza, pero hay momentos en los que se retrocede y podemos volver a los viejos patrones. El papel del *coach* es fundamental para apoyar y seguir animando al *coachee* o cliente en su propósito de cambio y mejora. El *coach* –persona de confianza que te apoya– está en el centro del proceso del modelo del ICT, pudiendo llegar a ser una de las relaciones de confianza claves para que la persona en su proceso de desarrollo alcance su «yo ideal».

Modelo Boyatzis del cambio intencional

Figura 11. Fuente: *Teoría del cambio intencional*
(*Intentional Change Theory o ICT, Boyatzis, 2006*).
*A nivel individual, la ICT describe los componentes
y procesos esenciales de un cambio deseable y sostenible
en el comportamiento, los pensamientos, las emociones
y las percepciones de una persona.*

El caso

Popularmente se dice que una vez que has aprendido a ir en bicicleta, ya no lo olvidas jamás, incluso aunque no la uses en años. Un americano llamado Sandlin realizó un experimento que demostró no solo que eso es cierto, sino algo más importante, que es más difícil desaprender que aprender algo nuevo.*

Un amigo suyo se las ingenió para aplicar un pequeño cambio en una bicicleta normal, que consistía en cambiar el diseño de manera que la rueda girara en la dirección opuesta al manillar; es decir, si se giraba el manillar a la derecha, la rueda lo hacía hacia la izquierda, y viceversa. Sandlin comprobó que ese pequeño cambio hacía que mantenerse en equilibrio le resultase casi imposible y se dio cuenta de que primero tenía que desaprender a montar en bicicleta como lo había hecho siempre. ¿Por qué? Porque la habilidad de ir en bicicleta estaba tan profundamente arraigada en su red neuronal del cerebro que se resistía a cualquier pequeño cambio.

El neurocientífico Robert Burton utiliza el ejemplo de un lecho de río para explicar cómo funcionan las redes neuronales y por qué hacen que una habilidad como ir en bicicleta sea difícil de alterar: «Imagínese la formación gradual de un lecho de río», escribe en *Liberarse de los mitos sobre la enseñanza y el aprendizaje*. «El flujo inicial de agua podría ir completamente al azar –no hay rutas preferidas en un principio, pero una vez que un arroyo se ha formado, el agua seguirá este camino de menor resistencia. A medida que el agua continúa, el arroyo se profundiza hasta constituirse en un río.»

Sandlin viajó a Ámsterdam, una ciudad en la que se dice que hay más bicicletas que personas y salía a la calle a practi-

* *The Backwards Brain Bicycle – Smarter Every Day 133.*

car con su bicicleta «trucada»; se torcía, se caía, se le veía tan patoso que parecía mentira que alguien montado en una bicicleta tuviera tantos problemas para mantenerse en equilibrio y hacerla avanzar. La gente que pasaba por allí pensaba que se trataba de un número callejero, pero la realidad es que... ¡le costó 8 meses conseguirlo!

Sandlin quiso comprobar cómo se las arreglaría su hijo de 5 años que hacía solo 3 que iba en bicicleta. Lo que al padre adulto le llevó 8 meses aprender, al niño... ¡le llevó 2 semanas! No hace falta explicar que el padre adulto había montado en bicicleta más veces que el hijo. Por eso, las *carreteras cerebrales* relacionadas con el aprendizaje, y sobre todo la práctica repetitiva de esa acción, estaban mucho más transitadas que las de su hijo de 5 años; se habían convertido en auténticas autopistas. Al adulto le cuesta más desaprender que aprender algo nuevo. Sin embargo, el cerebro del niño que está en pleno desarrollo hasta los veintitantos años tiene mucha más flexibilidad; su cerebro es mucho más sensible a los cambios y eso le permite regenerarse y hacer conexiones neurales con mayor rapidez. El cerebro del niño, en definitiva, tiene mucha más plasticidad.

Según la famosa ley de Hebb, *cells that fire together, wire together* («las neuronas que disparan o se conectan entre ellas quedan unidas»). Pero estas conexiones pueden alterar las sinapsis, ya sea creando nuevas sinapsis (aprender a ir en bicicleta), reforzando las ya existentes (ir en bicicleta durante años), o incluso estimulando el crecimiento de nuevas neuronas que crean uniones sinápticas nuevas, la sinaptogénesis (aprender a ir en una bicicleta trucada). La sinaptogénesis y la neurogénesis son procesos con los que el cerebro establece nuevas conexiones.

Neurogénesis

El principal responsable del nacimiento de nuevas neuronas es el hipocampo, que en griego significa *caballo de mar* porque tiene forma de caballito de mar. Al cortarlo por la mitad se encuentra el giro dental, que acumula gran cantidad de neuronas. Los estudios han demostrado que si aumenta la neurogénesis en los animales (ratas, monos o humanos), mejora la memoria.

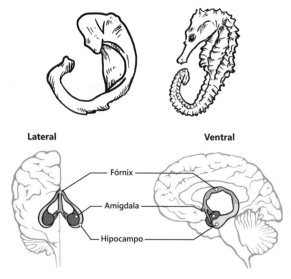

Figura 12. *El hipocampo, que tiene forma de caballito de mar, es el principal responsable del nacimiento de nuevas neuronas.*

En 1887, el científico **Santiago Ramón y Cajal** utilizó un método que consistía en aplicar químicos que mancharan las células para poderlas estudiar haciendo cortes del tejido del cerebro. Eso permitió ver células individualmente en el cerebro: las neuronas con sus dendritas configurando hermosos bosques con millones de ramificaciones. Posteriormente se desarrollaron microscopios y otros métodos para teñir células con el fin de que los científicos pudieran estudiar las neuronas del cerebro.

> «Sentía yo entonces vivísima curiosidad –algo novelesca– por la enigmática organización del órgano del alma (...). Conocer el cerebro –nos decíamos en nuestros entusiasmos idealistas– equivale a averiguar el cauce material del pensamiento de la voluntad, sorprender la vida íntima en su perpetuo duelo con las energías exteriores.»
>
> Santiago Ramón y Cajal,
> *Recuerdos de mi vida*

Ramón y Cajal fue premio Nobel de Medicina en 1906 por su trabajo sobre la estructura del sistema nervioso. Fue pionero en las aportaciones sobre la conectividad de las células nerviosas, una revolucionaria teoría en ese momento a la que se denominó la *teoría de la neurona*. En esa época, la tecnología era rudimentaria, casi inexistente. Las limitaciones del momento llevaron a la conclusión de que nacíamos con todas las neuronas y que a partir de la adultez ya no nacían nuevas neuronas, sino que se iban muriendo. Eso quedó establecido como ley cerebral hasta hace solo unos 20 años aproximadamente. Hoy sabemos que las neuronas se dividen y se crean nuevas. Con los avances de la tecnología se puede acceder mejor al estudio del cerebro y las imágenes demuestran que cada día se generan nuevas neuronas (*neurogénesis*). Este fenómeno es universal y se puede ver en ratas, monos y humanos. Las últimas investigaciones demuestran que en un cerebro humano se generan entre 500 y 600 neuronas al día. Este proceso no se detiene con la edad, sino que puede disminuir según sea la salud cerebral.

La *teoría de la memoria sináptica* de Ramón y Cajal todavía fue más importante. Fue él quien desarrolló la idea de que la memoria se basa en la flexibilidad y plasticidad de los contactos entre neuronas, o sea, la sinapsis. Esta teoría la presentó en Roma en un congreso de neurología, en 1899, y justamente lo que allí defendió fue que la formación de la memoria se basa en la modulación de esos contactos sinápticos y en el establecimiento de nuevas sinapsis que van creando entre ellas las redes neuronales.

Figura 13. *Santiago Ramón y Cajal es considerado el padre de la neurociencia moderna, destacó por su revolucionaria teoría de la neurona. En 1906 obtuvo el premio Nobel de Medicina y Fisiología.*

De cerca no hay dos cerebros iguales

El poder cognitivo del cerebro es la capacidad cuasi infinita de formar conexiones entre neuronas. Hay que tener en cuenta que la información está contenida en las redes, no en las neuronas, sino en la unión entre neuronas. El cerebro y la corteza cerebral, que es donde reside principalmente la capacidad cognitiva de adquirir memoria nueva, son también prácticamente infinitos. Son las conexiones lo que importa. Las neuronas buscan otras neuronas para hacer conexiones sinápticas, porque las neuronas están diseñadas para conectar entre ellas. Así se va creando una red neural entre neuronas, a través de las sinapsis.

Los científicos han descubierto que nuestro cerebro es una máquina de hacer conexiones. Nuestro cerebro está continuamente haciendo asociaciones, conexiones y «links» entre pequeños bits de información. Los pensamientos, memorias, habilidades, etcétera, son conexiones o mapas interconectados que crean rutas neurales. Ahora mismo, mientras estás leyendo esto, lo estás conectando con algunos mapas que tú ya tienes, haciendo conexiones a partir de experiencias y aprendizajes que tuviste en el pasado. Así logras dar sentido a la nueva información que se almacenará en el cerebro dándole significado. Esos mapas quedan conectados, y son los que nos crean tal como somos. Por eso se dice que no hay dos cerebros iguales.

Por ejemplo, cuando piensas cómo conociste a tu pareja, o a alguien por quien te sentiste muy atraído, recuerdas no solo a la persona, sino muchos otros detalles, como el sitio donde estabais, la música que había en ese momento, cómo vestías tú, cómo vestía la otra persona, y otros detalles que quedaron conectados en tu cerebro.

Se dice que, cada segundo, nuestro cerebro hace aproximadamente un millón de conexiones entre diferentes puntos. ¡Casi nada!

Lo que sabemos sobre las conexiones es que nos hacen sentir bien porque liberamos dopamina en el centro del placer del cerebro. Por eso nos sentimos bien cuando pensamos con claridad o resolvemos un dilema. Darle sentido a las cosas nos hace sentir bien y es lo que se supone que tienen que hacer los cerebros. Pero lo que también sabemos es que si algo nos llega a la mente y no lo podemos relacionar con nada, con ningún mapa, y nos cuesta darle sentido, nos causa disonancia, que es como una irritación para el cerebro.

Es muy frecuente que un cliente entre en un proceso de *coaching* porque siente que su vida es incoherente y tiene grandes dilemas respecto a cómo solucionar dicha situación. En sesión, lo que hacemos es escuchar mucho y preguntar mucho, para que sea el *coachee* el que haga conexiones desde y entre sus propios mapas... porque de cerca no hay dos cerebros iguales.

Pero ¿quién tiene el control el consciente o el inconsciente?

Si nos preguntamos **¿quién tiene el control?**, tal vez pensemos que es nuestro consciente, pero en realidad esta es una pequeñísima parte activa de nuestro cerebro. Tus acciones, tus creencias y muchas de tus reacciones emocionales son inconscientes.

Cualquier habilidad que hayamos practicado suficientes veces se automatiza. Eso significa que esa red de conexiones, ese cableado, pasa a localizarse por debajo del nivel de la consciencia. Por eso –el clásico ejemplo que siempre ponemos– conducir un coche o una bicicleta es algo que hacemos sin tener que pensar en ello. Por lo visto, a veces este nivel de cableado del cerebro es tan profundo que va por debajo del cerebro y se encuentra a la altura del cordón espinal. Eso se ha observado en gatos que incluso después de sacarles prácticamente todo el cerebro, siguen andando.

Hacer las cosas sin pensar en ello, o, lo que es lo mismo, con *el piloto automático*, tiene enormes ventajas para el cerebro, porque lo libera de determinadas tareas y le permite poner la consciencia en otras que sí que van a requerir toda su atención. Además, realizar tareas sin pensar en ello no consume energía en nuestro cerebro.

Otra gran ventaja la podemos observar en los atletas de élite, que a menudo se refieren a ese estado como *fluir –flow–* (véase el capítulo «El *flow* de la creatividad»). Los atletas disfrutan yendo más allá de sus propios límites. Se ha comprobado que, durante estos estados de *flow*, el cerebro entra en estado de hipofrontalidad, es decir, que la corteza prefrontal está temporalmente inactiva. Parece ser que en estos casos es mejor dejar el consciente a un lado porque el inconsciente permite operar a velocidades mucho más rápidas que la mente consciente.

¿Por qué es importante la neurogénesis y cómo estimularla?

Si aumentamos la neurogénesis, la memoria mejora. Si se debilita, la memoria empeora. También con el estrés la neurogénesis disminuye.

Un estudio realizado por Rusty Gage, del Instituto Salk, demostró que el medio ambiente tiene un impacto determinante en la producción de nuevas neuronas. En un estudio con ratas, pusieron a un grupo en una jaula sin rueda, y a otras en una jaula con rueda y diferentes obstáculos y niveles. Al realizar una sección del hipocampo de un ratón que no tenía rueda en su jaula, versus una sección del hipocampo de otro que sí tenía rueda y otros obstáculos en su jaula, se pudo observar un aumento masivo de nuevas neuronas en los ratones que se ejercitaron en la rueda y otros obstáculos.

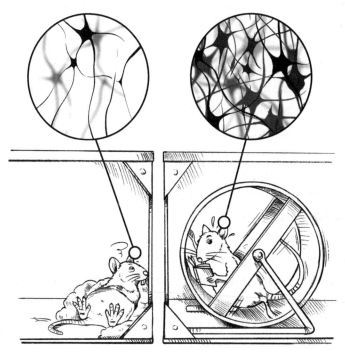

Figura 14. *Los estudios con ratas demuestran que el enriquecimiento del ambiente provoca el nacimiento de más neuronas (neurogénesis) y más sinápsis (sinaptogénesis).*

A otro grupo de ratas lo pusieron dentro de una piscina, por lo que tenían que hacer otro tipo de ejercicio físico: encontrar una plataforma que les permitiera salir. Cuando se repetía la situación, las ratas que ya sabían dónde estaba la plataforma la usaban inmediatamente. Se comprobó que las ratas nadadoras generaban muchas más neuronas nuevas: aumentaron la neurogénesis. Es decir, que esos dos factores, ejercicio físico y ejercicio mental, al tener que recordar, son fundamentales para la neurogénesis en el hipocampo de las ratas. Se cree que sucede lo mismo con los humanos.

Además del ejercicio físico y mental, sabemos que hay otras actividades que facilitan la neurogénesis, como aprender cosas nuevas, dormir bien o practicar sexo; mientras que el estrés o el insomnio interfieren en su producción. O sea que podemos concluir que es posible colaborar activamente en la neurogénesis.

La neurogénesis es muy importante para el aprendizaje, la memoria, la prevención del deterioro asociado al envejecimiento y el estado de ánimo (Sandrine Thuret).* Cuando hay depresión se ha visto que la neurogénesis disminuye. Y cuando se administra un antidepresivo, aumenta la producción de nuevas neuronas a la vez que disminuyen los síntomas de la depresión, estableciendo un vínculo claro entre neurogénesis y depresión. Asimismo, se ha observado que los fármacos administrados a pacientes con cáncer detienen la aparición de nuevas neuronas. Muchos pacientes padecen depresión incluso después de ser curados de su cáncer, porque el fármaco contra el cáncer interfiere en la neurogénesis.

---

* https://www.ted.com/talks/sandrine_thuret_you_can_grow_new_brain_cells_here_s_how

Lo que comemos también tiene un efecto en la producción de nuevas neuronas en el hipocampo. Hay nutrientes que han demostrado tener mayor eficacia como, por ejemplo, la ingesta de flavonoides, como los contenidos en el chocolate negro o los arándanos, que aumentan la neurogénesis. Los ácidos grasos tipo omega-3 presentes en los pescados grasos, como el salmón, facilitan la producción de nuevas neuronas. El ayuno intermitente –el espacio de tiempo entre comidas– aumenta la neurogénesis. Por el contrario, una dieta rica en grasas saturadas altas tendrá un impacto negativo en la neurogénesis. Por lo visto, la ingesta de alcohol disminuye la neurogénesis. Sin embargo, el resveratrol, que se encuentra dentro de la pepita de la uva, se ha demostrado que promueve la aparición de nuevas neuronas al ser un regenerador natural.

Así que se cree que el efecto de la dieta sobre la salud mental, la memoria y el estado de ánimo está relacionado con la producción de nuevas neuronas en el hipocampo. Y no es solo lo que se come, sino que al parecer también la textura de la comida, cuándo se come y la cantidad que se come parecen ser relevantes.

El caso de los taxistas de Londres

El hipocampo tiene que ver con el aprendizaje, la memoria, el humor y las emociones, y también con el reconocimiento espacial. Por esta razón, determinados científicos de Londres encontraron en los taxistas de esa ciudad a sus perfectos *conejillos de Indias* para poder estudiar la memoria y la orientación espacial. Al parecer, los taxistas tienen que pasar un examen muy exigente para conseguir la licencia y poder ejercer. Tienen que conocer y orientarse perfectamente por las laberínticas calles de Londres, donde hay cientos de avenidas, calles, plazas, y también tienen que recordar restaurantes, bares, hoteles, tiendas, etcétera.

Los científicos partían de la hipótesis de que el hipocampo podía ser la clave para que pudieran orientarse y recordar los nombres de tantos sitios dentro de ese laberinto. Y así fue. El estudio concluyó que con tanta información que los taxistas tenían que manejar, su hipocampo era más grande que la media, debido a la enorme cantidad de conexiones y redes neurales que habían generado.

Figura 15. *El hipocampo posterior (centro de la memoria visual-espacial) de los conductores de taxi de Londres ha demostrado que aumenta con años de experiencia (Maguire* et al.*; Woollett* et al.*, 2009).*

Actualmente, todos nos movemos con Google Maps, GPS y otros dispositivos. Habría que preguntarse cómo esto estará afectando a nuestra memoria espacial. De hecho, está demostrado que nuestra capacidad de orientación se deteriora al depender cada vez más de los dispositivos inteligentes. En cualquier caso, el estudio de los taxistas de Londres demostró que el cerebro de un adulto puede cambiar su anatomía. Esto tiene grandes implicaciones porque puede ayudar al estudio de cómo se pueden restaurar partes del cerebro que hayan quedado dañadas después de haber sufrido un infarto cerebral o alguna lesión. El cerebro cambia, tanto estructural como químicamente, por las experiencias.

Actividades que favorecen la neuroplasticidad

¿Qué nos ayuda a tener un cerebro más sano, ágil, flexible y con mayor neuroplasticidad?

1. La meditación o el mindfulness

Los cambios neuroplásticos no solo se refieren a alteraciones estructurales, como hemos visto con los taxistas de Londres, sino que también se pueden observar cambios en el funcionamiento cerebral, por ejemplo en lo que se denomina la experiencia mental (las emociones, la regulación emocional) y en los estados corporales, como la respuesta al estrés o la función inmunitaria. El neurocientífico Richard J. Davidson, fundador del Centro para la Investigación de Mentes Saludables de la Universidad de Wisconsin, estudia cómo la meditación provoca cambios significativos estructurales y funcionales en el cerebro en áreas asociadas con el bienestar y la felicidad. La evidencia científica constata, además, que un entrenamiento sistemático y regular puede mejorar el funcionamiento de nuestro organismo y de nuestro cerebro.

2. Dormir bien

A lo largo de un período de vida de 85 años, un individuo duerme casi 250.000 horas o el equivalente a más de 10.000 días completos. Mientras dormimos se restaura el tejido (Adam & Oswald, 1977), se activan los genes implicados en la creación de precursores de oligodendrocitos o mielina (Bellesi, 2013) y se estabiliza e integra la memoria (Scullin, 2015).

Un estudio de la NASA (Rosekind, 1995) demostró que una siesta de 26 minutos mejora el desempeño en un 34% y la atención, un 54%. Una siesta de 60 minutos mejoró la atención durante 10 horas.

3. Hacer ejercicio físico

El ejercicio aeróbico en los adultos se asocia con un aumento de producción del factor neurotrófico (*BDNF, Brain Derived Neurotrophic Factor*) que apoya a las neuronas que ya existen y estimula su neurogénesis. El BDNF se asocia con el aprendizaje, la memoria y el pensamiento (Voss, 2013; Gomez-Padia, 2008).

En un estudio que se realizó, comprobaron que los niveles de BDNF aumentaron significativamente después de 2-3minutos de carreras cortas, en comparación con el sedentarismo o realizar ejercicio moderado. Los participantes mostraron un aumento del 20% en la velocidad de recuerdo de palabras inmediatamente después de realizar ejercicio intenso (Winter, 2007).

En otro estudio con adolescentes, se obtuvo que un descanso haciendo ejercicio aeróbico durante 30 minutos resultó en una mejora significativa en una tarea que requería atención, en comparación con un descanso de solo 5 minutos (Kubesch, 2009).

4. Practicar habilidades

Un buen ejemplo ya lo hemos visto con el hipocampo posterior (centro de la memoria visual-espacial) de los conductores de taxi de Londres que demostró que aumenta con años de experiencia (Maguire *et al.*; Woollett *et al.*, 2009).

Otro estudio realizado con adultos que asistieron a un curso de malabarismo mostró cambios detectables en la estructura del cerebro en 3 meses (Draganski *et al.*, 2004).

Para el *coach*: contar más con la plasticidad cerebral del *coachee*

Teniendo en cuenta que el *coaching* es una disciplina que se enfoca principalmente en el futuro diseñado por el *coachee*, consideramos de gran importancia entender cómo funciona nuestro cerebro cuando diseñamos metas u objetivos, y cómo podemos trabajar para ser más efectivos.

1. Establecer metas: el ratio de positividad 5:1

Cuando **establecemos metas,** lo hacemos con la ayuda del lóbulo frontal que es el responsable del razonamiento, la planificación y la ejecución. Cuando estamos en una sesión con el *coachee* usamos de manera continua la pregunta para ayudar a que el *coachee* ordene y trate de responder a dudas e ideas repetitivas pero no resueltas, rumiando probablemente desde el caos. Al establecer metas y ordenar el caos, lo que también se está consiguiendo es mantener controlada la amígdala, que es el centro emocional del cerebro y el miedo paralizante.

En este sentido, parecen fundamentales las aportaciones de la psicología positiva que propone **crear conscientemente emociones y pensamientos más positivos.** Las últimas investigaciones sugieren que deberíamos practicar una proporción de 5:1 **«ratio de positividad»,** es decir, 5 pensamientos positivos por 1 negativo, si queremos construir optimismo y resiliencia al estrés. Este importante descubrimiento en el campo de la psicología positiva tiene una explicación neuro-

lógica: la corteza prefrontal derecha constantemente genera una corriente de pensamientos y sentimientos negativos,
mientras que el lóbulo prefrontal izquierdo, que es el más optimista, es capaz de arriesgarse más y, por tanto, tiene más
probabilidades de tomar decisiones que le acerquen al logro
de lo que se quiere. Sobre todo, proporciona más satisfacción
y felicidad creer que vale la pena luchar por lo que a uno le
mueve de verdad. La buena noticia es que podemos entrenar
nuestro cerebro para interrumpir la negatividad y generar más
pensamientos optimistas. Al fin y al cabo, uno siempre está
a tiempo de volver al patrón tan común para muchos, que es
pensar que lo peor del mundo está esperándole a la vuelta de
la esquina.

Algunas aportaciones de la psicología en cuanto al establecimiento de metas sugieren que las personas son más pro-
pensas a:

1. **Comprometerse con un objetivo cuando establecen un inter-
   valo:** por ejemplo, perder entre 3-5 kilos, que cuando se ha fijado
   un único número como objetivo (Scott & Nowlis 2013). Además,
   las personas que escriben sus objetivos, comparten sus compromisos con otros y mandan informes con sus progresos son más
   exitosos que aquellos que no los escriben o no los comparten o no
   informan de sus progresos (Matthews, 2012).

2. **Escribir un plan detallado** funciona mejor para los participantes
   cuando se centran en un solo objetivo pero no con múltiples objetivos (Dalon & Spiller, 2012).

3. Y por último, **dar *feedback* positivo** refuerza el compromiso de los individuos para conseguir objetivos, mientras que dar *feedback* negativo mueve a las personas a dedicar más energía a trabajar para resolver los problemas (Fish Bach, 2010).

---

2. La técnica de la visualización

La técnica de la visualización es como un ensayo mental; todos los *coaches* la suelen utilizar. Visualizarse mentalmente haciendo algo o consiguiendo algo de forma repetida, a nivel cerebral equivale a como si estuviera sucediendo en la vida real. La consecuencia de visualizarse mentalmente, y ensayar el hacer o conseguir algo que es un reto importante para la persona, es que cuando esto acontezca se desarrollará naturalmente. Y si se encuentra con una dificultad, no será como si fuera la primera vez y consecuentemente tendrá una reacción de menor angustia. Por tanto, primero practicar en la mente y ensayar, incluyendo aquello que pueda resultar estresante, sería la mejor manera de hacerlo. Entonces, cuando uno se tenga que enfrentar con dicha situación en la realidad sabrá gestionarlo sin entrar en pánico.

Existe un conocido estudio realizado por el doctor Álvaro Pascual-Leone (Pascual-Leone, 1996) en el que a un grupo de sujetos se les dijo que tocaran el piano y se observó su actividad cerebral, mientras que a otro grupo de sujetos se les dijo que tocaran el piano solo mentalmente, o sea, como si hicieran un ensayo en el que pudieran ver sus propios dedos tocando el piano, aunque en realidad no lo estaban haciendo.

A continuación, se pueden ver los mapas corticales del estudio:

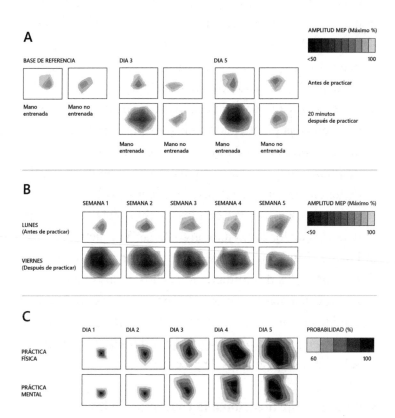

Figura 16. *C: mapas corticales de salida promedio de los flexores de los dedos de la mano en sujetos sometidos a la práctica física diaria, frente a la práctica mental diaria. Se observa mucha similitud en los mapas de salida (Pascual-Leone 1996).*

A: Mapas corticales de salida: se observa una diferencia significativa en los mapas corticales de salida en la mano después de haber practicado y ausencia de diferencias en la mano que no ha entrenado. Se observan también diferencias significativas en los mapas corticales de salida de la mano entrenada después de las sesiones de práctica entre los días 3-5. Todo ello parece bien lógico.

B: Mapas corticales de salida de los dedos en un sujeto durante 5 semanas practicando todos los días (de lunes a viernes). Se observa que hay 2 procesos distintos en acción: uno tiene que ver con la rápida modulación de los mapas de lunes a viernes (con más huella cortical el viernes), y el otro, que tiene que ver con los cambios más lentos y más discretos de los lunes a lo largo de las 5 semanas.

C: Este es el mapa más sorprendente: el promedio de los mapas corticales de salida de los dedos en las manos entrenadas físicamente, comparado con los mapas corticales de salida con solo la practica mental (lo que equivaldría a la visualización). Se observa mucha similitud en los mapas de salida de ambas formas de práctica.

3. La técnica de atención a la conversación interna

Tal vez esta sea una cuestión que los *coaches* exploran poco, porque es una parte muy íntima y privada del *coachee*, sumergida en la parte no visible del iceberg. Sin embargo, si tenemos en cuenta que en 1 minuto lo que se dice una persona a sí misma va desde 300 a 1.000 palabras, deberíamos estar atentos a si cumplimos con el ratio 5:1 (5 pensamientos positivos por 1 pensamiento negativo) mencionado anteriormente en «establecer metas». Es decir, si lo que nos decimos a nosotros mismos es más positivo que negativo (por ejemplo, «puedo hacerlo», «creo que tengo las capacidades», «encontraré los apoyos necesarios en mi camino», etc., versus «no puedo hacerlo», «por qué me habré metido en esto», «nunca me salen las cosas como quiero», etc.) estamos entrenando a nuestro cerebro a hacer caso omiso de las señales de pánico de la amígdala. Debemos tener en cuenta que el lóbulo frontal siempre está encendido en estado de vigilia, y también que nuestro cerebro tiene una especie de radar diseñado para escanear los peligros a nuestro alrededor, así que puede caer fácilmente en pensar en dificultades como «no lo conseguiré», «no estoy suficientemente preparado», etc. Por tanto, parece fundamental llevar la atención, e indagar en sesión con el *coachee*, sobre cuáles son las palabras o frases que se dice a sí mismo/a con mayor frecuencia con respecto al tema que se esté trabajando. Esa toma de conciencia es posible que revele sus propias creencias limitantes –guardadas en el inconsciente, no desveladas–. Cambiar esa conversación interna por un tono mayoritariamente positivo será un generador de autoconfianza y automotivación. Los humanos tenemos la capacidad de practicar la metacognición, que significa que podemos pensar sobre cómo pensamos. ¿Conoces tu patrón de pensamiento?

4. La técnica de activar la respiración
(*Arousal Control*)

La respiración es la pulsión de la vida. Respirar lenta y profundamente nos ayuda a combatir el miedo. Al inspirar profundamente hacemos llegar más oxígeno al cerebro y, al realizar largas espiraciones soltamos tensiones y estrés. Así conseguimos que nuestro cerebro funcione mejor.

Si uno está bloqueado por el miedo, el cerebro deja de funcionar apropiadamente, se produce un «rapto emocional» que consiste en que el sistema límbico coge las riendas del cerebro y da una respuesta primitiva: ataca, huye o se bloquea (una de las 3 «f» del inglés: *fight, fly* o *freeze*). Pero si practicamos la focalización, que se logra a través de la respiración, estamos impidiendo dicho rapto emocional y permitiendo que nuestro lóbulo frontal analice la situación y efectúe una respuesta adaptativa mucho más satisfactoria.

Cuando el *coachee* se enfrenta a un gran reto (por ejemplo, hablar en público delante de mucha gente) y siente miedo, las señales que envía la amígdala son tan poderosas que es difícil anularlas si seguimos sintiendo miedo. Pero al combinar las 4 técnicas que acabamos de ver, se logran buenos resultados en un porcentaje mucho más elevado. Hay que tener en cuenta que la neurobiología nos explica por qué nos resistimos al cambio: el cerebro antiguo trata de protegernos de aquello que es diferente, además de estar diseñado para la evitación del dolor y la búsqueda del placer.

Descubre un método de cambio para que puedas centrarte en tus objetivos y sueños, el que te ayudará a centrarte en lo que realmente es importante para ti.

Metodología de trabajo del cambio para el *coach*: «COACH ACTION DCE»

Se sabe que son necesarios 21 días para cambiar un hábito e interiorizarlo para que pueda convertirse en un protocolo de actuación rutinario y fácil que te ayude a diario.

¿Por qué el hábito se instaura cada 21 días? Es el tiempo que necesitan los circuitos neuronales para fijarse y fortalecerse.

Te lo contamos en esta infografía:

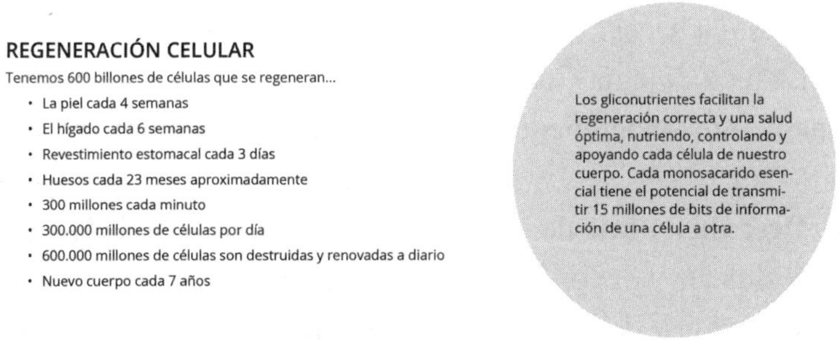

REGENERACIÓN CELULAR

Tenemos 600 billones de células que se regeneran...

- La piel cada 4 semanas
- El hígado cada 6 semanas
- Revestimiento estomacal cada 3 días
- Huesos cada 23 meses aproximadamente
- 300 millones cada minuto
- 300.000 millones de células por día
- 600.000 millones de células son destruidas y renovadas a diario
- Nuevo cuerpo cada 7 años

Los gliconutrientes facilitan la regeneración correcta y una salud óptima, nutriendo, controlando y apoyando cada célula de nuestro cuerpo. Cada monosacárido esencial tiene el potencial de transmitir 15 millones de bits de información de una célula a otra.

Figura 17. Gráfico: *Educar desde la familia (2015).*

El caso de la adaptación a la cirugía plástica

Maxwell Maltz (1889-1975), cirujano plástico de la Universidad de Columbia en la década de 1950, empezó a darse cuenta de un patrón que seguían sus pacientes: cuando les modificaba algún rasgo de la cara, por ejemplo, la nariz, les llevaba 21 días acostumbrarse al nuevo aspecto. Observó también que el síndrome del miembro fantasma en los amputados seguía el mismo patrón de los 21 días.

Esto significa que actuamos y sentimos no según la realidad, sino según la imagen que nos hemos formado de ella. Los hábitos, buenos o malos, se moldean del mismo modo. La percepción que las personas tienen de sí mismas y las conductas que han creado guardan estrecha relación entre sí. Si su percepción es distinta, cambiarán los hábitos.

Pregúntate: ¿Qué quieres cambiar en tu vida y qué estás dispuesto a hacer?

La metodología **Coach Action DCE** se utiliza para potenciar el autoconocimiento y el desarrollo personal en 3 pasos:

1. **Descubrir:** fase de identificación y exploración de las necesidades y de los beneficios del cambio.
2. **Crear:** fase de creación y diseño de nuevas maneras de pensar, sentir y hacer adaptado.
3. **Embellecer e implementar los nuevos aprendizajes:** readaptación y cambio.

La metodología **Coach Action DCE** como método de *coaching* consiste en estas 3 fases para llevarlo a cabo. Se emplean técnicas y dinámicas con las que se experimenta también a través de la imaginación y la visualización, para la formación de nuevas estructuras automáticas de reacción mental y corporal (el cuerpo nunca engaña; la mente, en ocasiones, se resiste o nos complica la vida).

Para el cambio, evidentemente resulta de gran ayuda contar con el acompañamiento de un *coach*. Y para el *coach* es necesario el dominio de las 11 competencias que establece la ICF (International Coach Federation, https://coachfederation.org). A continuación, definimos 5 directrices que, si eres *coach*, te van a ayudar a estar presente de manera efectiva durante la sesión.

COACH

1. Centrado (*Centered*)
2. Objetivo (*Objective*)
3. Activo (*Active*)
4. Conectado (*Connected*)
5. Honesto (*Honest*)

Consejos para *coaches* y líderes

Hay un efecto llamado **priming** que se refiere a que una cosa influencia la percepción de otra. Por ejemplo, si tienes en la mano una taza caliente vas a describir tu relación con un miembro de tu familia de manera más favorable. Por el contrario, si sostienes un vaso con una bebida fría, vas a expresar una opinión no tan favorable de la relación. ¿Por qué pasa esto? Porque los mecanismos del cerebro que evalúan la calidez de las relaciones se solapan con los mecanismos que evalúan la calidez física, y se influencian mutuamente.

En otro estudio, se demostró que si un sujeto se sienta en una silla dura durante una negociación, va a ser un negociador más duro; mientras que si se sienta en una silla más mullida, cederá más durante una negociación.

4. Salud cerebral y bienestar

Según un informe del Global Council on Brain Health (GCBH, Consejo Mundial sobre la Salud Cerebral), si quieres mejorar tu salud mental, trata de ser feliz, pues el optimismo ayuda al bienestar cerebral. En este libro puedes encontrar evidencias científicas que así lo demuestran, además de muchos recursos que te ayudan a conseguirlo.

El modelo del equilibrio cerebral (*Brain Balance*)

Vivimos en un entorno extraordinariamente frenético con constantes distracciones, con mucha tecnología que nos tiraniza teniendo que responder con inmediatez y nos impone estar multiconectados 24/7 (24 horas, 7 días a la semana). Por otro lado, hay mucha presión para llegar a cumplir con el trabajo y poderlo conciliar con las obligaciones diarias. Como consecuencia, nuestra mente nunca desconecta y nuestro cerebro puede quedar dañado. No es de extrañar que un porcentaje preocupante de la población padezca depresión, crisis de ansiedad u otros trastornos mentales y físicos muchas veces derivados de un exceso de estrés. Saber detectar el estrés a tiempo y tener recursos para gestionarlo resulta fundamental en una vida equilibrada y saludable. Esto es especialmente importante para el *coach* o profesional, que trabaja con personas y que debería tenerlo presente y aplicarlo primero a su propia vida, para convertirse en un canal positivo de ayuda a los demás. No es posible ayudar adecuadamente a las personas y trabajar con ellas si se tiene un nivel de estrés demasiado elevado. Por eso, es muy importante que el *coach*, y en general cualquier profesional del sector de la ayuda y acompañamiento, se cuide y tenga su ritual de preparación para estar completamente presente y conectado con el cliente o paciente.

El modelo *The Healthy Mind Platter* –La dieta mental sana– de David Rock & Daniel J. Siegel M.D. 2012, no se refiere a los nutrientes que necesita nuestro cerebro para estar sano, sino a un conjunto de actividades que deberíamos incluir regularmente para optimizar el funcionamiento y la salud de nuestro cerebro. Se trata de **siete actividades neurocognitivas que nutren la mente** y que te ayudan a explorar si tienes una vida equilibrada y mantienes una dieta ideal para tu cerebro. También al ***coach* o profesional de ayuda** le será de gran utilidad como herramienta para trabajar con su cliente o paciente.

Equilibrio cerebral: siete actividades que nutren la mente

Dieta mental sana

Figura 18. The Healthy Mind Platter –*La dieta mental sana–*
para un cerebro óptimo desarrollado
por David Rock & Daniel J. Siegel M. D.

Si podemos dormir 7 u 8 horas cada noche con un sueño de calidad (*Sleep time*), es decir, sin interrupciones y sin necesidad de tomar ningún somnífero, seguro que nos vamos a levantar descansados, frescos y llenos de energía para poder llevar a cabo todos nuestros quehaceres diarios. Aprovechando que hemos tenido ese sueño reparador, y que nuestra mente todavía no está «contaminada» (sin las noticias del día –o mejor dicho, las malas noticias–, ni WhatsApp, ni Facebook ni *e-mails*, etc.), es el momento ideal para sentarnos a meditar entre 10 y 20 minutos y conectar con nosotros mismos sin interrupciones (*Time in*). Sin todo el ruido que va llenando nuestra mente a lo largo del día, podemos ver y sentir las cosas con mayor claridad y conectar con nuestra sabiduría interior. Esta manera de empezar el día resulta óptima para trabajar después. Ya que, tras haber dormido bien y meditado, notamos que nuestra capacidad de concentración (*Focus time*) es mucho mayor que cuando hemos dormido mal –en cuyo caso nos sentimos decaídos e irascibles–, o no nos hemos regalado ese espacio de meditación y conexión con nosotros mismos. Sin embargo, es cierto que aunque pongamos todas las distracciones a un lado (entiéndase mensajes en el móvil, Facebook, Instagram, Twiter, llamadas, etc.), nuestra capacidad de atención y concentración es limitada. Tal vez sea el momento de ir a preparar una infusión y «hacer unas risas» mientras charlas con un compañero del trabajo que te has encontrado en la cocina (*Play time*) al tiempo que esperas que tu infusión esté lista. Cuando vuelves a tu mesa de trabajo te encuentras con un mensaje de tu pareja que te propone ir a cenar con unos amigos (*Connecting time*) que están de visita en la ciudad. Quedas con ellos después de tu clase de yoga o tu partida de pádel (*Physical time*). Después de un par de horas más de trabajo vuelves a sentir que tu atención ya no es la misma y que te cuesta avanzar en el informe que estás escribiendo. Decides levantarte de tu mesa de trabajo y dar una vuelta fuera de la oficina aprovechando que hoy luce el sol. Caminas sin prisa y dejas tu mente errante dándole un respiro *(Down time)*. Precisamente, en estos momentos es cuando solemos tener las mejores ideas. ¡Momentos eureka! Encontramos soluciones donde antes no las veíamos, conectamos diferentes ideas creando una nueva, etcétera.

1. Tiempo para dormir (*Sleep time*)

Figura 19. *Tiempo para dormir.*

Dormir no solo es importante para poder descansar el cuerpo, sino que las evidencias sugieren que es crítico para el cerebro y su buen funcionamiento. Por ejemplo, muchas veces la depresión se asocia a largas horas de trabajo, pero es debido sobre todo a la falta de sueño.

Dormir es fundamental para consolidar la memoria y depurar algunas emociones del día, refrescar la mente y relajar el cuerpo. Los expertos dicen que la capacidad de aprender se reduce drásticamente si después del aprendizaje se priva de sueño a la persona. Además, se cree que eso de *consultarlo con la almohada* cobra todo el sentido del mundo, ya que dormir nos facilita ser más creativos y encontrar buenas soluciones; durante el sueño, las conexiones neurales importantes se fortalecen, mientras que las que no lo son, se podan.

Algunos expertos en el sueño han indicado que dormir 5 horas o menos cada noche dispara la probabilidad de ser obeso hasta un 50%. Al parecer, la falta de sueño favorece la liberación de la hormona grelina, que es la encargada de decirle al cerebro que el cuerpo necesita comer.*

Dormir bien nos ayuda a estar más concentrados y atentos, a mejorar, como hemos visto, la creatividad, la toma de decisiones, y en general la salud. Además, si dormimos bien, reducimos los cambios de humor, el estrés, la impulsividad y, por tanto, mejoramos en habilidades sociales.

Consejos para dormir mejor:

1. **Reduce la exposición a la luz por lo menos 1 hora antes de ir a dormir.** Evita todo tipo de pantallas antes de ir a dormir. La luz aumenta los niveles de alerta y disminuye los niveles de melatonina, la hormona que regula nuestro reloj biológico.

2. **Baja la temperatura del dormitorio.** Entre 18-20 grados es la temperatura ideal.

3. **Reduce el consumo de cafeína a partir de la hora del almuerzo.**

---

2. Tiempo para jugar (*Play time*)

Figura 20. *Tiempo para divertirse.*

---

* Russell Foster. *Why do we sleep?* https://www.ted.com/talks/russell_foster_why_do_we_sleep

La alegría de experimentar la vida, lo que los franceses llaman la *joie de vivre*, es esa energía que nos permite conectar con el entorno desde el juego, soltando la linealidad de la mente pensante.

«El juego humano y la risa son fundamentalmente un fenómeno social. Los niños crecen, aprenden y se desarrollan experimentando y jugando con su entorno inmediato. Jugar nos permite desarrollar respuestas emocionales flexibles, porque nos pone en situaciones inesperadas donde parece que perdemos el control. Una buena manera de experimentarlo es apuntándose a un curso de improvisación teatral. Puedo hablar de los enormes beneficios que me proporcionó personalmente no solo hacer teatro, sino sobre todo la improvisación —relata Gemma Sala—. Ponerse en la piel de múltiples personajes un breve tiempo y salir del *rol* que uno representa socialmente todo el tiempo activa muchísimo la creatividad desde un lado lúdico. Una norma clásica en la improvisación teatral es la de aceptar siempre lo que te propone el otro. Por ejemplo: tu compañero te dice: "vamos a la playa a hacer un pícnic", tú nunca puedes responder: "no, a mí no me gusta la playa, prefiero la montaña", sino que aceptas y añades, estás cocreando con el otro: "perfecto, yo prepararé una tortilla de patatas para el pícnic". Esa apertura y aceptación te animan a practicar la flexibilidad y a ser juguetón/a para poder salir del personaje que cada día "representas" en tu vida normal.»

Investigaciones realizadas con ratas han demostrado que el comportamiento lúdico puede ser gratificante, y que la oportunidad de jugar es una oportunidad de aprendizaje (Humphreys & Einon, 1981; Normansell y Panksepp, 1990). Al igual que pasa con las ratas, los circuitos de recompensa en el cerebro se encienden durante la alegría humana (Mobbs, Greicius, Abdel-Azim, Menon & Reiss, 2003).

El juego y la alegría estimulan los centros de recompensa del cerebro, liberando dopamina, que se asocia con el aprendizaje y la activación de los circuitos neurales de la recompensa. Además, facilita el establecimiento y la consolidación de nuevas vías neuronales. Jugar también estimula la creatividad y la memoria.

El sistema de la alegría del juego es una de las emociones básicas en los seres humanos similar a la rabia, el miedo, la esperanza, el pánico y la lujuria (David Rock, Daniel J. Siegel, Steven A.Y. Poelmans & Jessica Payne). Jugar no solo tiene que ser una escapatoria de los problemas, sino justamente una salida de ellos porque a través del juego podemos encontrar soluciones.

3. Tiempo de inactividad (*Down time*)

Figura 21. *Tiempo de inactividad.*

Vivimos en el hacer continuo. Es muy difícil en nuestra sociedad estar sin hacer nada. Sin embargo, el no hacer ha demostrado ser fundamental para desconectar, y justamente la desconexión nos permite encontrar esa idea nueva que estábamos buscando hace tiempo, o tener una nueva visión ante una situación en la que nos encontrábamos encallados. Es el famoso *¡eureka!* –que en griego significa «*¡lo he descubierto!*»– que exclamó el matemático Arquímedes al encontrar la solución mientras se estaba bañando. Tal fue su alegría que salió desnudo por las calles de la antigua Grecia gritando «¡eureka, eureka!».

Diversos estudios han demostrado que el tiempo de inactividad modera la relación entre los conocimientos y las experiencias previas y la generación de nuevos *insights* o conocimientos. Este tiempo de inactividad es en realidad tener intencionadamente ¡ninguna intención de hacer nada!

Para los *managers* o líderes que tienen una agenda muy apretada, resulta todavía más difícil, y sin embargo muy necesario, que se puedan dar un tiempo de inactividad, puesto que es cuando dejamos de trabajar con la corteza frontal cuando puede aflorar el pensamiento inconsciente y se pueden tomar mejores decisiones que cuando se decide usar de inmediato el razonamiento consciente y lógico. De hecho, sería aquello que popularmente decimos de «lo consultaré con la almohada». O sea, que ese pensamiento inconsciente y el tiempo de incubación son propicios para una mejor visión y toma de decisiones. Es comprensible que para los líderes esto tenga profundas implicaciones, puesto que sus decisiones afectan no solo a la cuenta de resultados, sino también a sus equipos, a las organizaciones y, en último término, a la sociedad.

Las investigaciones recientes están demostrando que no funciona cualquier «distracción». Maarten Bos y sus colegas (2011) descubrieron que «la distracción con un objetivo» produce mejores resultados que la «mera distracción». Es decir, si hay algo que te preocupa, o tienes que tomar una decisión pero te cuesta porque no lo ves claro –todavía–, dejarlo reposar y desconectar a propósito de la cuestión te ayudará a poder llegar a una buena respuesta. En todo caso, según los expertos, será probablemente mucho mejor que querer llegar a ella solo con el pensamiento lógico y analítico.

4. **Tiempo de reflexión, sintonía, mindfulness (*Time-in*)**

Figura 22. *Tiempo de reflexión,*
sintonía con uno mismo, mindfulness.

El mindfulness es una técnica adaptada del budismo, centrada en aumentar el conocimiento y la gestión de uno mismo. La atención plena o mindfulness ha sido descrita como «prestar atención de manera particular con propósito, en el momento presente y sin juzgar». La práctica regular del mindfulness nos ayuda a calmar la mente y aumentar la concentración.

Como dice Daniel Goleman: «el mindfulness permite potenciar el músculo de la atención» y estar más atentos a cuando no se está atento. Con la práctica regular será mucho más fácil salir del piloto automático (*urge mode*) en el que estamos la mayor parte del tiempo. Entonces se ve ampliado el espacio que existe entre un estímulo y la respuesta, podemos en lugar de reaccionar, dar una respuesta (J. Kabat-Zinn), lo que significa que esa respuesta no será condicionada, sino escogida y mucho más adaptativa. Si bien la idea de la atención plena se origina en la práctica de la meditación, el objetivo no es encontrar una solución espiritual, sino que lo que se persigue es calmar la mente y tomar consciencia de las reacciones emocionales que pueden conducir a malas decisiones. Estas habilidades son cruciales para aquellos que esperan tener éxito y salud en un entorno cada vez más frenético, con constantes distracciones y presión para llegar a cumplir con el trabajo y las responsabilidades personales. Además, el mindfulness o la meditación del tipo que uno prefiera practicar ayuda a equilibrar el cerebro frente a tanta tecnología a la que estamos expuestos.

En la práctica de *coaching* con nuestros clientes podemos empezar las sesiones con una breve meditación o centramiento. Si se crea un contexto así, será más fácil tratar temas como la gestión de las reacciones emocionales, o cómo afrontar el cambio. Para los escépticos, o para aquellos completamente neófitos en el tema, se les puede mostrar alguna evidencia científica sobre sus beneficios. Hay cientos de investigaciones que estudian los efectos del mindfulness en el cerebro; algunos efectos fundamentales son:

✓ La activación de la parte izquierda de la corteza prefrontal, asociada a las emociones positivas y el freno de las negativas.
✓ El incremento de la capacidad de concentración y, por tanto, de la productividad.
✓ Un aumento de las ondas gamma, que permiten hacer mayores aprendizajes de experiencias vitales.
✓ Refuerzo del sistema inmunológico en general.
✓ Se ha encontrado que se reduce el tamaño de la amígdala (centro emocional del miedo).
✓ Desarrollo de la compasión y la empatía que mejora la conexión con los otros y la gestión de las relaciones difíciles.

5. **Tiempo de conexión (*Connecting time*).**
   El poder curativo de las relaciones

Figura 23. *Tiempo para conectar con los otros.*

Nuestro cerebro es social. Estamos diseñados para conectar y relacionarnos. Desde nuestros primeros días de vida, nuestras conexiones con los padres o cuidadores nos proporcionan la sensación de ser vistos y de sentirnos seguros y a salvo (Siegel, 2012).

Resulta fascinante comprobar que los circuitos neurales que se activan cuando sentimos dolor físico son los mismos que se activan cuando nos sentimos rechazados socialmente. Hay múltiples investigaciones que relacionan el estrés con la falta de apoyo social. Por ejemplo, los individuos solitarios pueden experimentar mayores niveles de estrés percibido, reaccionar más negativamente al estrés y beneficiarse menos de las interacciones sociales (Cacioppo *et al.*, 2002; Hawkley, Burleson, Berntson & Cacioppo, 2003). Además, los individuos solitarios experimentan un sueño menos eficiente y menos efectivo que puede interferir con el proceso restaurador del sueño (Cacioppo *et al.*, 2002).

En cambio, sentir que se cuenta con apoyo social se relaciona de manera fiable con efectos beneficiosos sobre los sistemas cardiovascular, endocrino e inmunológico. También se incrementan los niveles de oxitocina, que es una hormona que interviene en los comportamientos sociales, patrones sexuales y en la conducta parental. En las mujeres, la oxitocina se libera en grandes cantidades durante el parto y al dar el pecho en respuesta a la estimulación del pezón por la succión del bebé. A nivel cerebral, la oxitocina se relaciona con la percepción de relaciones de confianza y generosidad entre personas, así como con comportamientos emocionales y sociales, incluyendo el apego y el reconocimiento social. La oxitocina reduce la ansiedad y los efectos sobre el condicionamiento del miedo y la extinción (Kirsch *et al.*, 2005). En relación con el estrés, la combinación de oxitocina y soporte social mostró concentraciones de cortisol más bajas –la hormona del estrés–, así como mayor tranquilidad y disminución de la ansiedad durante el estrés (Heinrich *et al.*, 2003).

6. **Tiempo para hacer ejercicio físico (*Physical time*).**
   Mejora de la plasticidad del cerebro a través del ejercicio

Figura 24. *Tiempo para hacer deporte.*

El ejercicio físico ayuda a lograr y mantener la salud del cerebro y la plasticidad durante toda la vida (Cotman & Berchtold, 2002).

El ejercicio mejora las *funciones ejecutivas* que son un conjunto de habilidades, como la velocidad de respuesta y la memoria de trabajo, que nos permiten seleccionar el comportamiento apropiado, inhibir el comportamiento inapropiado y concentrarnos a pesar de las distracciones (Aamodt y Wang, 2007; Davis, Tomporowski, Boyle, Waller, Miller & Naglieri, 2007). Hacer ejercicio de tipo aeróbico moderado también reduce el estrés, disminuye la ansiedad y alivia la depresión (Salmón, 2001). En general, sabemos que la actividad física tiene un impacto positivo y global en el funcionamiento mental.

Estudios con animales demuestran que la actividad física, por ejemplo de los ratones en la rueda de la jaula, aumenta los niveles del factor neurotrófico derivado del cerebro (BDNF *Brain Derived Neurotrophic Factor*), una molécula que mejora el crecimiento sináptico, aumenta la supervivencia neuronal, promueve el aprendizaje y protege contra el deterioro cognitivo. Además, aumenta la neurogénesis –nacimiento de nuevas neuronas–, aumenta la resistencia cerebral, mejora el aprendizaje y el rendimiento mental e induce cambios en la expresión genética del cerebro (Cotman & Berchtold, 2002).

Puedes escuchar la entrevista a Irene Pellicer que encontrarás en el canal de YouTube *Neurociencias con Gemma Sala.**

7. Tiempo de atención plena (*Focus time*). Gestión de la atención para el rendimiento

Figura 25. *Tiempo para concentrarse.*

* https://www.youtube.com/watch?v=n71dRAEbcFA

La tecnología, y con ella la evolución de la comunicación, han vivido una auténtica transformación: se ha hecho más inmediata e intrincada la naturaleza de nuestra conectividad. Vivimos en un mundo globalizado en el que tenemos que estar conectados 7/24 (24 horas, los 7 días de la semana). Las cosas se esperan con una inmediatez que a menudo nos abruma. Por eso, según los autores de *The Healthy Mind Platter*, David Rock, Daniel J. Siegel, Steven A.Y. Poelmans & Jessica Payne, ya que el tiempo es un recurso escaso, las personas que puedan concentrarse o (re)enfocarse rápidamente y permanecer centrados dentro de fragmentos de tiempo cortos prosperarán y serán más exitosas. Esto requiere de la capacidad de dirigir la atención: centrarse completamente en la persona o tarea que tenemos delante y ejercer autocontrol para bloquear las interferencias. Si estás escribiendo un informe, pero te distraes porque entra un correo, y entonces ya aprovechas para chequear tu Facebook o tu Instagram o tu WhatsApp, cuando vuelvas al informe, no lo vas a hacer en el mismo punto en que lo dejaste, sino que tendrás que ir hacia atrás para contextualizarlo y poder avanzar después. Es lo que se conoce como *switching costs* (los costes de ir cambiando).

Lo que sabemos es que tanto la sobrestimulación (estrés) como la falta de estimulación (aburrimiento) conducen a un deterioro de las funciones ejecutivas y afectan a la concentración. En estas condiciones, el cerebro puede estar alterado y entrar en un estado de hipervigilancia o hipovigilancia que puede perjudicar el rendimiento.

Flow

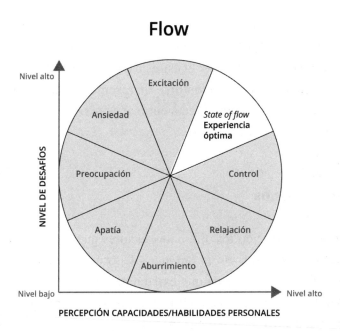

Figura 26. *Modelo «Fluir» de M. Csikszentmihalyi, 1990.*

Estar enfocado o concentrado permite que un individuo no se sienta abrumado e incompleto, algo que a menudo acompaña a la multitarea. El «tiempo de enfoque» es a la vez un proceso cognitivo necesario para un desempeño efectivo, y un esfuerzo intencional que requiere autocontrol, energía y el manejo del estrés. Esto tiene implicaciones importantes para la autogestión, manteniendo bajos los «costes de tiempo por los cambios» (*switching-time costs*) de la multitarea que disminuyen el rendimiento cognitivo.

La respiración profunda, la práctica de la meditación o el mindfulness nos ayudan a entrenar el músculo de la atención, además de mantener el estrés bajo control pudiendo llegar a estados de atención óptima. En resumen, podemos decir que existe una relación directa entre el estrés, el enfoque y la salud.

Conclusiones

Hemos introducido los diferentes factores que constituyen el equilibrio cerebral –*Brain Balance*– de forma individual, pero hay que tener en cuenta que existen muchas interrelaciones directas e indirectas entre ellos, a veces muy complejas. Todos los factores tienen relaciones claras y bien documentadas con una o varias de las variables, como la creatividad, la salud mental y el rendimiento cognitivo. Por ejemplo: tiempo de inactividad –*Down time*–, tiempo de juego –*Play time*–, tiempo de conexión –*Connecting time*–, tiempo de reflexión –*Time in*– y tiempo de atención –*Focus time*– se relacionan con la creatividad. A la vez, todos los factores están relacionados con la salud mental.

El tiempo de atención tiene relaciones complejas con muchas otras variables. En primer lugar, es muy importante si queremos tener un rendimiento cognitivo positivo. Centrarse implica una constelación coordinada de procesos cognitivos necesarios para pensar o actuar consciente e inteligentemente en general. Si el tiempo de enfoque se caracteriza por estar en el «fluir», según los psicólogos positivos Seligman (2011) y Csikszentmihalyi (1990), eso tiene muchos efectos beneficiosos para la salud. Por ejemplo, el tiempo de ocio activo es un ejemplo de tiempo de enfoque que nos permite distraernos por completo del trabajo y volver a conectar con una mente fresca.

La relación entre el tiempo de atención y el rendimiento cognitivo tiene que ver a su vez con el tiempo de sueño, tiempo de inactividad y tiempo de reflexión. Sin el suficiente tiempo de sueño y de descanso, las personas pueden sentirse muy retadas para mantener el enfoque. Sin alternar un tiempo de enfoque con momentos de reflexión, por ejemplo, la atención se desvanece y el nivel de procesamiento puede limitarse a consideraciones superficiales.

También la relación entre tiempo de actividad física y rendimiento cognitivo es importante. Cuando se hace ejercicio físico con esfuerzo, el rendimiento cognitivo disminuye ya que la sangre se concentra principalmente en los músculos. Después de la práctica de la actividad física aumenta el rendimiento cognitivo gracias a una mejor distribución de la sangre al cerebro y debido a una mayor plasticidad neuronal demostrada tras hacer ejercicio físico. Además, el tiempo de inactividad y el tiempo de dormir también intervienen en la relación entre el tiempo de actividad física y la salud mental. Tanto realizar actividad física incesantemente sin descanso, a lo que se le llama *vigorexia*, como la falta general de ejercicio pueden poner en riesgo la salud.

Uno de los más grandes desafíos económicos y de salud pública del siglo XXI y que más preocupa a la comunidad neurocientífica es cómo mantener y mejorar la salud cerebral y la plasticidad. Cada vez vivimos más años, algo sin precedentes en la historia de la humanidad. Por este motivo, a la sociedad en general le interesa también cada vez más la neurociencia: al fin y al cabo, todos tenemos un cerebro y queremos sentirnos sanos y felices.

Con este propósito se diseñó el ambicioso estudio *Barcelona Brain Health Initiative* (BBHI – https://bbhi.cat) promovido por el Institut Guttmann de Barcelona bajo la dirección científica del doctor español Álvaro Pascual-Leone. El estudio, que tiene un enfoque salutogénico, se está llevando a cabo con a una muestra de más de 3.000 personas sanas de entre 40 y 65 años. Pone el foco en qué nos ayuda a mantener un cerebro saludable. Desde el momento que se inicia, se espera que los participantes formen parte del estudio unos 3 años.

Barcelona Brain Health Initiative (BBHI)

Barcelona Brain Health Initiative (BBHI) es un proyecto de investigación dirigido a conocer y entender cómo se puede mantener la salud de nuestro cerebro.

Este estudio maneja 7 variables que favorecen la salud cerebral:

1. Ejercicio físico
2. Entrenamiento cognitivo
3. Nutrición
4. Plan vital
5. Salud integral
6. Socialización
7. Sueño

Muchas de estas categorías ya las hemos comentado en este mismo capítulo, así que a continuación nos vamos a centrar solo en las que son nuevas: el entrenamiento cognitivo, el plan vital y la salud integral. En cuanto a la nutrición, como idea principal, desde BBHI destacan la importancia de mantener una dieta variada y equilibrada, típicamente mediterránea. Para saber más, recomendamos al lector que se dirija al capítulo 8 («Neurofelicidad») de este libro.

Consejos que dan los científicos del Barcelona Brain Health Initiative:

Entrenamiento cognitivo: ¿sabes qué es el **fitness cerebral (*Brain Fitness*)**? *Se trata de practicar actividades complejas y cognitivamente estimulantes que impliquen un esfuerzo de atención, concentración y memoria, como, por ejemplo, aprender a tocar un instrumento, aprender un programa de ordenador o jugar al ajedrez.*

Practicar actividades para prevenir enfermedades.

Plan vital: *algunos elementos clave del bienestar mental son la autoaceptación, la vitalidad, las relaciones positivas, el propósito en la vida, tener una dirección y el optimismo.*

¿Aceptas cómo te han ido las cosas en el pasado y sientes ilusión por lo que está por venir?

Salud integral: *mantener la presión arterial, el peso o el nivel de azúcar en sangre en niveles saludables, elimina los factores de riesgo, incluido el deterioro cognitivo.*

¡No dejes que un mal estilo de vida reduzca la plasticidad de tu cerebro!

La herramienta del equilibrio cerebral y cómo utilizarla*

El modelo del equilibrio cerebral lo podemos usar como la *Rueda de la vida* de Robert Dilts (véase el capítulo 8). Si eres *coach*, cuando converses con el *coachee* en sesión y percibas falta de equilibrio, salud o bienestar, puedes recurrir a este modelo de indagación. Se puede empezar preguntando al cliente: «del 0 al 10, siendo 0 nada de estrés y 10 muchísimo estrés, *¿cuál dirías que es tu nivel de estrés en este período de tu vida?*». Si es 7 o más, pedimos al *coachee* que se autoevalúe

---

* Mientras se publica este libro, se está trabajando para mejorar la herramienta. Está previsto que se incluyan dos actividades más: nutrición y rutina. Más información en: www.neurotraininglab.com

del 0 al 10 en las diferentes actividades neurocognitivas que nutren la mente. Una vez puntuadas, realizamos preguntas de exploración y toma de conciencia en aquellas cuya puntuación sea más baja de 7. Trabajar con la dieta mental sana ayuda a tomar conciencia de aquellas áreas de la vida que requieren de una mayor atención y acción. Por tanto, un plan de acción puede resultar muy útil si se está motivado. Por supuesto, también puedes usar la herramienta tú mismo para autoevaluarte.

Preguntas de reflexión

1. Del 0 al 10, siendo 0 nada de estrés y 10 muchísimo estrés, ¿cuál dirías que es tu nivel de estrés en este período de tu vida?

2. ¿Tu puntuación es 7 o más?

3. De los 7 factores neurocognitivos que hemos descrito, ¿hay alguno que requiera de mayor atención y acción de tu parte?

4. ¿Qué puedes empezar a hacer de manera inmediata para mejorarlo?

5. ¿Cuáles serán los beneficios de hacerlo?

Dieta mental sana

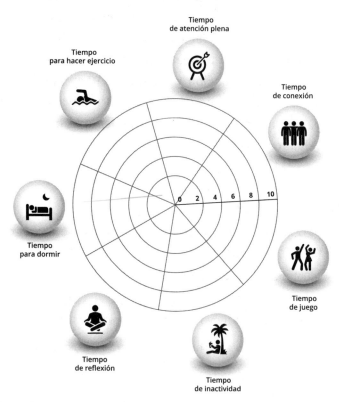

Figura 27. *Esta herramienta se puede usar para hacer una «radiografía» del equilibrio, salud y bienestar de la persona en un determinado período de su vida.*

El caso

Elogio del vivir

Ama tu oficio,
tu vocación,
tu estrella,
aquello para lo que sirves,
aquello en lo que realmente
eres uno entre los hombres,
esfuérzate en tu quehacer
como si de cada detalle que piensas,
de cada palabra que dices,
de cada pieza que colocas,
de cada martillazo que das,
dependiera la salvación de la humanidad.
Porque depende, créeme.
Si olvidándote de ti mismo
haces todo lo que puedes en tu trabajo,
haces más que el emperador que rige
automáticamente sus estados;
haces más que el que inventa teorías universales
solo para satisfacer su vanidad,
haces más que el político, que el agitador,
que el que gobierna.
Puedes desdeñar todo esto
y el arreglo del mundo.
El mundo se arreglaría bien solo,

solamente con que cada uno
cumpliera su deber con amor,
en su casa.

Joan Maragall

GEMMA SALA: Vicente es un ingeniero al que sus dos socios despidieron de su propia empresa, la que había creado con ellos. Su caso me recordaba un poco al de Steve Jobs. Eso le provocó una profunda crisis, agravada todavía más por un diagnóstico de bipolaridad a los 40 años. El mundo se le cayó encima. En el momento en que nos conocimos, me informó de que hacía un año que se medicaba para la bipolaridad y estaba en manos de un psiquiatra. Venía a *coaching* buscando apoyo para mejorar su autoestima, encontrar una nueva orientación laboral y, en definitiva, enfocarse en una nueva vida para poder seguir adelante. Tenía dudas sobre si quería seguir como emprendedor –decía sentirse un poco *quemado*–, o bien buscar un trabajo en una empresa que le contratase. Vicente era una persona muy responsable y disciplinada, pero sentía una enorme frustración porque cuando se levantaba por las mañanas, después de haber dormido mal y bajo los efectos de la medicación, no podía pensar con claridad. Se levantaba con pensamientos negativos y con la energía muy baja. A pesar de su estado físico-emocional decaído, desayunaba y, con gran esfuerzo, se sentaba delante del ordenador para actualizar su currículum, encontrar oportunidades para un negocio o buscar ofertas de trabajo en el mercado. Por supuesto, con esa falta de energía, negatividad y desilusión le resultaba muy difícil concentrarse y avanzar. Eso no hacía más que empeorar las cosas porque se sentía todavía más frustrado e incapaz de seguir.

Lo primero que hicimos al empezar a trabajar juntos fue observar en qué momentos del día se sentía más enérgico y con la mente más clara. Enseguida se dio cuenta de que al levantarse por la mañana no estaba en su mejor momento, por lo que decidimos que era mejor empezar el día haciendo ejercicio: salía en bicicleta, iba al gimnasio a nadar a la piscina, o algunos días salía a correr con un amigo. Después de ese tiempo de actividad física (*Physical time*), cuando volvía a casa se encontraba mucho más revitalizado y con más energía. Su predisposición y capacidad de concentración (*Focus time*) se incrementaron enormemente y pronto empezó a ver los cambios: sus esfuerzos pronto obtuvieron resultado y comenzó a recibir ofertas para algunas entrevistas de trabajo. Eso provocó en él una inyección de motivación y una mejora de su autoestima que lo empoderó no solo a seguir buscando de una manera eficiente, sino que tomó conciencia de la importancia de conectar con él mismo y escucharse (*Time In*) para observar cómo estaba y empezar a autogestionarse de otra manera. Comprendió que había momentos más propicios para hacer ejercicio, o que a veces no debía *forzar la máquina* y que lo que necesitaba era descansar y dormir más, o bien distraerse (*Play time*) y no hacer demasiado (*Down time*) sin sentirse culpable por ello.

Empezar el día haciendo ejercicio lo cambió todo para Vicente. El resto del día parecía desarrollarse de una manera completamente diferente: él se sentía mucho más tranquilo y concentrado, y el tiempo que pasaba delante de la pantalla del ordenador resultaba mucho más eficaz. El propio proceso trajo claridad para él y, en pocos meses, ya había decidido que en realidad no quería empezar otro negocio, sino que prefería entrar a trabajar en una empresa. Definió el sector de la empresa y el departamento en el que le gustaría trabajar. Mientras seguíamos con nuestras sesiones, aproveché para ayudarle a tomar consciencia de todos los logros que había conseguido en su vida hasta el momento y comprendió algunas cuestiones claves de él mismo en relación con lo que había pasado con sus socios. Debo decir que me maravilló los aprendizajes que pudo extraer de esa experiencia tan dura para él.

A través de LinkedIn encontró exactamente el perfil del puesto que buscaba en una de las empresas del sector. Les escribió, consiguió una entrevista y al poco tiempo empezó a trabajar con ellos. Vicente consiguió resultados positivos no solo por su enorme voluntad, determinación y disciplina, sino también porque comprendió que necesitaba escucharse, empezando por escuchar su cuerpo, sus síntomas y atender sus necesidades. Era importante no someterse a situaciones de estrés prolongadas y, sobre todo, no otorgar todo el poder a la pastilla, que ayuda, y mucho, cuando el cerebro requiere de química externa que no es capaz de generar por sí mismo, o que tal vez genere en demasía. Pero el paciente activo, además, debería tener en cuenta todas estas cuestiones neurocognitivas que ayudan a tener una dieta mental equilibrada para una vida de bienestar. Esto es lo que hicimos con Vicente, que consiguió reequilibrar y reenfocar su vida personal y profesional.

5. Creatividad y hemisferios cerebrales

Hemisferios cerebrales. Nuestro cerebro dividido

«Según nuestra forma de atender, cambia el mundo.»

¿Te has preguntado alguna vez para qué y por qué tienes dos hemisferios?

El cerebro ya sabemos que es neuroplástico y, aunque cada hemisferio tiene sus propias funciones, son complementarios.

Es decir, si tienes una lesión y pierdes una función en un hemisferio, probablemente, según diversas variables (lesión, área, edad...), tu otro hemisferio desarrollará esa función complementaria en la parte contralateral. Por ejemplo, las funciones del habla que, aunque suelen encontrarse en el hemisferio izquierdo (área de Broca), podrían plásticamente desarrollarse en el hemisferio derecho; esto es lo que significa la neuroplasticidad de regeneración neuronal.

Así que vamos a explorar brevemente los dos hemisferios cerebrales. El cerebro está «partido» en dos hemisferios que a su vez están unidos por el *cuerpo calloso* que hace las funciones de puente para que ambos hemisferios hablen y puedan comunicarse. Al parecer, en las mujeres esta comunicación entre hemisferios es más constante, de ahí que se hayan encontrado más conexiones en el cuerpo calloso de la mujer.

Roger Sperry (neurobiólogo, premio Nobel por sus estudios sobre la división del cerebro) estudió casos de pacientes a los que se había practicado una extirpación del cuerpo calloso y observó una clara descoordinación entre ambos hemisferios. Por ejemplo, un paciente que con una mano abría la puerta mientras con la otra intentaba cerrarla, demostrando que había una falta de comunicación clara entre hemisferios, que son los que coordinan ambos lados del cuerpo. Sin embargo, también se han visto casos en los que eso no ocurre.

Durante mucho tiempo hablamos de la predominancia de los hemisferios, de lo que hace el derecho y de lo que hace el izquierdo. Por ejemplo, el izquierdo es el racional y el derecho es el creativo. Luego descubrimos que ambos hemisferios se activan a la vez por todo, dado que sus puntos de conexión se encuentran en las comisuras cerebrales. Así que comenzamos a preguntarnos si había alguna diferencia significativa entre los dos. Gracias al trabajo del psiquiatra Iain McGilchrist, entre otros, podemos mirar los hemisferios a través de un lente diferente. En lugar de plantearnos qué hace cada uno, la pregunta sería: *¿cómo atiende cada uno el mundo y cómo según sea ese atender cambia el mundo?*

Por ejemplo, cuando atendemos predominantemente desde el hemisferio derecho, experimentamos el mundo de las relaciones tal como son en este momento, aquí y ahora. Estamos mucho más abiertos al otro y hacemos muchos menos juicios, lo que nos permite estar verdaderamente presentes unos con otros. Esto es muy importante en la relación parental, por ejemplo, para que el niño sienta un vínculo seguro, se sienta visto y sostenido tanto en la alegría como en el sufrimiento. También es fundamental para una relación de ayuda (terapeuta, *coach*, médico, etc.). El hemisferio derecho está cómodo con la paradoja y puede abarcar muchos puntos de vista diferentes a la vez, ¡aunque a veces esto le lleve a sentir incerteza!

La forma de atender del hemisferio izquierdo es completamente diferente. Está menos comprometido con la experiencia actual y más decidido a tener en cuenta lo que ya se ha aprendido, relacionándolo con otras ideas y conceptos. Tiende a los juicios y no tiene sentido de estar en relación con los demás. Sin un «sentimiento sentido de nosotros», el hemisferio izquierdo se enfoca más en tareas y comportamientos, en el proceso, perdiendo contacto con lo que es individual y único.

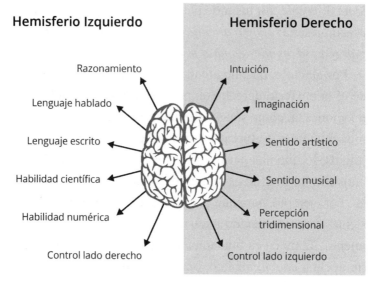

Hemisferio Izquierdo

Razonamiento

Lenguaje hablado

Lenguaje escrito

Habilidad científica

Habilidad numérica

Control lado derecho

Hemisferio Derecho

Intuición

Imaginación

Sentido artístico

Sentido musical

Percepción
tridimensional

Control lado izquierdo

Figura 28. *Los hemisferios cerebrales.*

Sería fácil decir que el hemisferio izquierdo es el malo o el limitado. Pero este no es el tema, porque ninguno de los dos hemisferios funciona bien sin el otro. El hemisferio derecho está lleno de miedo y se siente abrumado cuando es el dominante, la vida es un caos. El derecho solo nos dejaría sin anclaje para funcionar a diario. Y el izquierdo, cuando se le separa del derecho, sufre de aislamiento y rigidez.

En los casos de pacientes que tenían el cuerpo calloso seccionado, quedando los hemisferios cerebrales aislados, los científicos han podido estudiar las competencias específicas de cada hemisferio. Así, el hemisferio izquierdo es el lógico, y en él se encuentra el centro del lenguaje y la escritura, mientras que el hemisferio derecho es más intuitivo y de él depende el lenguaje no verbal.

Como dice I. McGilchrist «el derecho es el maestro y el izquierdo es el emisario». El derecho puede que vea que un sistema no está funcionando correctamente y, entonces, intervendrá el izquierdo, que es hábil en el desarrollo de procesos y podrá evitar posibles consecuencias desastrosas. El derecho ve el bosque, es más holístico, y el izquierdo ve los árboles.

Tal vez la pregunta que deberíamos hacernos es: ¿cómo podemos fortalecer la relación entre maestro y emisario para sentirnos más integrados y poder tener una vida más plena y significativa? Creemos que es posible si se profundiza en este sistema derecho-izquierdo, siendo más conscientes de cuándo nos desconectamos, para luego poder encontrar más fácilmente el camino hacia la vida relacional.

Al igual que ocurre con muchas otras cuestiones que estamos aprendiendo en neurociencia, la relación entre los hemisferios es de suma importancia. Cuando el derecho proporciona la visión y el izquierdo crea los sistemas para manifestar esa visión, estamos ante un equilibrio sólido. Parece que aporta mucho más valor mirar nuestra experiencia a través de esta lente.

En este momento, diversas fuentes de investigación sugieren que aproximadamente el 75% de nosotros vivimos más centrados en el izquierdo. Sin embargo, me gusta recordar que el potencial de cambiar el cerebro siempre está ahí, gracias a la neuroplasticidad. Tenemos, en cierta medida, la capacidad de «esculpir» activamente nuestro cerebro y, en general, podemos hacer mucho más de lo que solemos creer.

Para la creatividad, más allá de la creencia de que el hemisferio derecho es el creativo, vamos a ver hasta qué punto es fundamental también la intervención del izquierdo.

> «Trabajar con solo 1 hemisferio, es trabajar con medio cerebro.»
> Gemma Sala

Ideas repentinas, intuición versus ideas analíticas

La zona del lóbulo temporal anterior es la zona que se activa cuando se está relacionando información entre sí. Por ejemplo, cuando alguien dice que ha tenido una idea repentina, en realidad es el lóbulo temporal derecho conectando diferentes mapas y formando uno nuevo. La persona lo vive como si esa idea viniera de la nada; también lo podríamos llamar una intuición.

El pensamiento analítico, por contra, utiliza una ruta diferente que se sitúa en la corteza prefrontal y que bloquea las ideas repentinas. O sea, que las posibilidades de tener una idea repentina aumentan cuando dejamos de analizar. Según I. McGilchris, quien trabaja mucho la intuición también puede ser muy racional, y viceversa.

Sabemos que la ansiedad tiende a bloquear la posibilidad de solucionar los problemas con ideas repentinas; en cambio, los pensamientos positivos ayudan a tenerlas. La ansiedad provoca que disminuya la percepción y que la actividad de la corteza cingulada anterior sea inferior, interfiriendo en algunas funciones cognitivas y emocionales. Sin embargo, los pensamientos positivos hacen que esa zona se relaje, aumente el grado de percepción y ayude a solucionar los problemas mediante ideas repentinas o intuiciones.

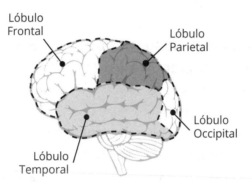

Figura 29. *Rutas de la zona del lóbulo temporal anterior y de la corteza prefrontal.*

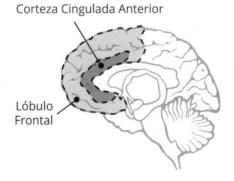

Figura 30. *Corteza cingulada anterior.*

¿Por qué es importante esto para la creatividad? Si tenemos en cuenta que las ideas repentinas crean conexiones nuevas y únicas en el cerebro, mientras que el pensamiento analítico se basa en conexiones ya existentes, podemos comprender que para ser realmente creativo haya que aprender a confiar más en nuestra intuición.

La neurociencia de las cuatro fases del proceso creativo de Graham Wallas (1926)

1. Fase de preparación

En esta fase es de especial relevancia la sensibilización a un problema, o bien la necesidad de encontrar una solución al detectar un dilema o incongruencia. Por ejemplo, una persona quiere mejorar su salud y decide que para ello hará más deporte, pero también quiere que este año le promocionen en el trabajo, lleva 2 años esperándolo. El dilema que se le presenta es el siguiente: «si tengo que dedicar más horas y esfuerzos a mi trabajo... ¿de dónde sacaré el tiempo y la energía para practicar deporte?». Esta persona toma consciencia de que tiene dos escenarios que de entrada le parecen verdaderamente difíciles de conciliar. Es un dilema que debe resolver, pero todavía no ha encontrado una buena solución. Otro reto puede ser el de la necesidad de dar con una idea completamente nueva (por ejemplo, un artista, un científico, un departamento de I+D de una empresa, etc.). Por ello y con el objetivo de reunir datos, la persona se familiariza con el tema y acumula información sobre este.

En la recogida de información intervienen los cinco sentidos: vista, oído, olfato, sabor o tacto, con la participación de los diferentes órganos que son las ventanas del cerebro al exterior. Los estímulos también pueden proceder del interior del propio individuo: pensamientos, imaginación, aprendizajes previos, etcétera. Dado que la cantidad de estímulos puede ser inconmensurable, una de las funciones cognitivas que debemos tener en cuenta en esta fase es la *atención selectiva*.

Cabe destacar que una de las funciones de la corteza prefrontal es la de focalizar la atención, lo cual, a su vez, requiere la capacidad de suprimir los estímulos que en ese momento puedan resultar secundarios. Este proceso permite la entrada selectiva de información al cerebro, facilitando esta primera fase del proceso creativo: obtener la máxima información posible que pueda ser empleada para resolver un problema concreto. Por tanto, las estructuras cerebrales implicadas en esta primera fase del proceso creativo están relacionadas con la sensación, la percepción y la atención y se encuentran activas principalmente en el hemisferio izquierdo del cerebro (véase la figura 31).

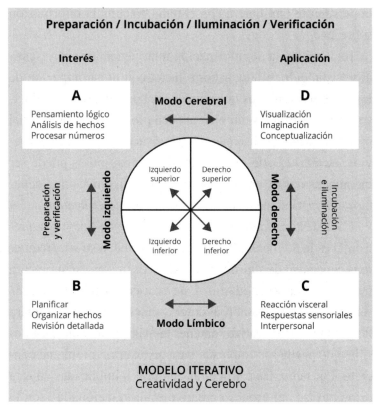

Figura 31. *Neurociencia de las cuatro fases del proceso creativo, Graham Wallas, 1926.*

En esta misma línea, la inhibición de información de tareas irrelevantes se logra con la ejecución de los procesos de búsqueda complejos que permiten la selección de ideas entre un gran volumen de información. Todo esto se logra con el incremento de la conectividad funcional entre las regiones de la corteza prefrontal y la red neural por defecto (RND) (en inglés *DMN, Default Mode Network*). La RND es el conjunto de regiones del cerebro que colaboran entre sí y que podría ser responsable de gran parte de la actividad desarrollada mientras la mente está en reposo (sin la complejidad del pensamiento).

2. Fase de incubación

En esta segunda fase del proceso creativo, la fase de *incubación*, la persona se desentiende del problema (o dilema o elemento que ha de crear) de una manera consciente. Sin embargo, el inconsciente sigue –como si de una consigna mágica se tratara– avanzando en la búsqueda de una solución creativa. En otras palabras, aunque hay una desconexión o distanciamiento consciente del problema, el cerebro continúa trabajando con la idea sin que la persona sea consciente de ello.

La mayoría de los estudios realizados han confirmado la existencia del *efecto incubación*. Según Wallas, este efecto se despliega si hay relajación mental y olvido selectivo.

Evidentemente, la memoria es un aspecto muy importante a la hora de incrementar el bagaje cognoscitivo –capacidad humana para aprender y asimilar conocimientos– y establecer nuevas relaciones que llevan a diferentes formas de pensamiento. No obstante, los procesos de memoria implicados en la capacidad creativa no solo aluden a la memoria a largo plazo, sino que también requieren de la participación de la memoria de trabajo, ya que es esta la que permite manejar datos de manera activa durante períodos limitados. Tanto es así que, si se produce una lesión del cerebro que afecta a la memoria, la capacidad de crear también puede verse alterada.

Respecto a la memoria a largo plazo, se ha evidenciado la relación entre el conocimiento y la creatividad. En otras palabras, el conocimiento específico sobre un tema y el dominio son requisitos previos para la creatividad. Esta perspectiva rompería con la denominada *paradoja del conocimiento*, esto es, que el dominio sobre una temática podría inhibir la creatividad y la flexibilidad mental. Sin embargo, en la actualidad, podemos afirmar con seguridad que efectivamente el conocimiento es favorecedor de la creatividad.

La RND es una red caracterizada por tener una importante actividad intrínseca de un conjunto de regiones cerebrales que están activas cuando el individuo está en un estado denominado de *vagabundeo mental*, soltando, por así decirlo, el pensamiento lógico-analítico y disminuyendo su actividad. Por eso esta fase se sitúa en el hemisferio derecho (véase la figura 32).

3. **Fase de iluminación**

Esta fase del proceso creativo se caracteriza por que la solución parece surgir de manera repentina, se conectan diferentes informaciones, diferentes ideas o, lo que es lo mismo, diferentes mapas entre los que no había conexión previamente; ahora sí la tienen, por lo que se crea un nuevo mapa que da solución a un «dilema». Estas asociaciones se harían de manera inconsciente hasta llegar al momento de la iluminación, que también se sitúa en el hemisferio derecho (véase la figura 32).

Es el momento ¡eureka! o ¡ajá! De hecho, la palabra «eureka» (del griego *héurēka*) significa «¡lo he descubierto!», que es lo que exclamó el matemático griego Arquímedes cuando descubrió que el volumen de agua que asciende es igual al volumen del cuerpo sumergido. Arquímedes lo descubrió mientras estaba en la bañera, en un momento de total relajación y desconexión de su trabajo –*incubación*–, y tal fue su alegría que salió por las calles desnudo gritando «¡lo he descubierto, lo he descubierto!» o, lo que es lo mismo, «¡eureka, eureka!».

Figura 32. *Crear es tener un nuevo mapa mental.*

Desde el punto de vista de la neurociencia, la creatividad es el resultado de la hiperconectividad, en el que la información disponible en el cerebro establece relaciones múltiples y diferentes, hasta llegar a un nuevo mapa. Esta actividad requiere de procesos asociativos y combinatorios que permitan una nueva idea. Todos hemos vivido estas experiencias, por ejemplo, cuando vemos un *thriller*: el guión está pensado de manera que vaya *soltando* información en diferentes momentos de la película, hasta que hacia el final ya somos capaces de «atar cabos» y creemos descubrir quién es el asesino o el ladrón, antes de que nos lo brinden en bandeja en su desenlace final.

Hay que tener en cuenta que la información está representada a través de mapas mentales y que mediante una adicional conectividad se logran asociaciones diferentes de manera fluida y sin esfuerzo. En consonancia con esta idea, el tomar conciencia (tener un *insight*) de forma espontánea emerge precisamente de la conectividad entre los lóbulos temporal, parietal y occipital. Estas áreas temporo-parieto-occipitales se hallan ligadas a la percepción y la memoria a largo plazo. El lóbulo frontal no recibe directamente información sensorial, sino que lo que hace es integrar la información ya procesada por las áreas temporo-parieto-occipitales, encargándose de hacer un trabajo cognitivo de alto nivel, como es el pensamiento abstracto, la planificación, la atención o la memoria de trabajo.

John Kounios y Mark Beeman (profesores de psicología e investigadores del cerebro, la creatividad y la resolución de problemas) llevaron a cabo un estudio, en 2006, cuyos resultados sugieren que hay dos estructuras cerebrales muy relacionadas con el momento *¡ajá!*, y estas son: la corteza cingulada anterior (ACC) –véase la figura 30–, que se ocupa de centrar la atención suprimiendo pensamientos irrelevantes o actividades perceptivas secundarias, y el área de Wernicke, área de gran relevancia en el procesamiento del lenguaje que se ubica en el lóbulo temporal izquierdo.

El momento *¡eureka!* aparece siempre de repente; en realidad, lo que sucede es que somos capaces de ver algo que no éramos capaces de ver antes. Significa la aparición de una idea completamente fresca e innovadora. Cuanto más nos permitamos crear contextos y condiciones que nos faciliten la fase de incubación, más facilidad tendremos para que se nos presenten ideas «fuera de la caja», o sea, fuera de los límites conocidos. Como dice la cuántica, hay un campo que contiene infinitas posibilidades, donde lo que ahora es invisible e intangible puede materializarse. Es un campo en el que muchas posibilidades coexisten a la vez

«Más allá de ideas correctas o incorrectas, existe un campo. Me reuniré contigo allí.»

RUMI

Estos momentos están cargados de entusiasmo y alegría por haber resuelto lo que ocupaba nuestra mente, implican un chute de energía y de dopamina en el cerebro que impulsa a la acción por la altísima motivación que siente la persona.

4. Fase de verificación

En esta fase del proceso creativo no solo se comprueba que la solución sea válida, sino que también se perfecciona. Para ejecutar dicha solución se requiere la participación de diversas estructuras cerebrales, principalmente de las funciones ejecutivas. La corteza prefrontal se mantiene activa tanto ante la estimulación interna como externa, generando nuevos esquemas que van a implicar procesos tales como la formulación de metas u objetivos, la atención selectiva, la toma de decisiones, la planificación y, por último, el paso a la acción.

Esta fase de verificación se caracteriza por tratar de inhibir respuestas obvias y potenciar características típicamente creativas como la fluidez, la flexibilidad y la originalidad. El papel de la corteza prefrontal es clave ya que es la que va a permitir convertir la novedad en conductas creativas explicitas. Esta fase se sitúa de nuevo en el hemisferio izquierdo (véase la figura 31).

El *flow* de la creatividad: plantar una semilla y saber soltar

Las hojas no caen, se sueltan...

Las hojas no caen, se sueltan... Siempre me ha parecido espectacular la caída de una hoja. Ahora, sin embargo, me doy cuenta de que ninguna hoja «se cae» sino que, llegado el escenario del otoño, inicia la danza maravillosa del soltarse.

Cada hoja que se suelta es una invitación a nuestra predisposición al desprendimiento. Las hojas no caen, se desprenden en un gesto supremo de generosidad y profunda sabiduría: la hoja que no se aferra a la rama y se lanza al vacío del aire sabe del latido profundo de una vida que está siempre en movimiento y en actitud de renovación.

La hoja que se suelta comprende y acepta que el espacio vacío dejado por ella es la matriz generosa que albergará el brote de una nueva hoja. La coreografía de las hojas soltándose y abandonándose a la sinfonía del viento traza un indecible canto de libertad y supone una interpelación constante y contundente para todos y cada uno de los árboles humanos que somos nosotros.

Cada hoja al aire me está susurrando al oído del alma ¡suéltate!, ¡entrégate!, ¡abandónate! y ¡confía! Cada hoja que se desata queda unida invisible y sutilmente a la brisa de su propia entrega y libertad. Con este gesto, la hoja realiza su más impresionante movimiento de creatividad ya que con él está gestando el irrumpir de una próxima primavera.

[...]

Las hojas no caen, se sueltan.

La sabiduría de vivir, de José María Toro

Para mantenerse sano y resiliente se necesitan momentos de atención plena, tiempo de alta concentración (*Focus time*), pero también tiempo de total desconexión (*Down time* y *Play time*) (véase el capítulo 4). Con el primero practicamos la musculatura de la atención selectiva que nos permitirá un buen avance en la primera fase del proceso creativo, la preparación. En cambio, para la fase de incubación es muy importante abrir las puertas a otras cuestiones ya que precisamente lo que mejor funciona es desconectar del tema del foco, soltar. Tener la intención de desconectar conscientemente con la intención de que el inconsciente pueda trabajar libremente. Entonces, el cerebro puede entrar en el *flow* de la creatividad como en una danza y, cuanto más diálogo haya entre ambos hemisferios, cuanta más interconectividad haya entre ellos, más integrado será el resultado.

Como dice Daniel J. Siegel (médico y codirector del Mindful Awareness Research Center) «*where attention goes, neurofiring flows*», es decir, donde va la atención, fluyen –se crean– conexiones neurales. «Falta consciencia, en general, de que somos más poderosos de lo que creemos. Veo muchas personas en consulta –relata Gemma Sala– dejándose llevar por pensamientos negativos, estados emocionales tóxicos y, lo que es peor, reacciones autodestructivas como si no tuvieran más remedio. Es muy importante que aprendamos a aceptarnos y a amarnos a nosotros mismos para poder ser compasivos y amorosos con los otros. Los padres, los maestros, las escuelas y la sociedad deberían centrar la educación en la autoestima del niño cuando es pequeño. Valorar el tesoro interno, el talento único, con el que todo ser humano llega a este mundo. Así luego, cuando el niño sea un adulto, podrá evitar muchos sufrimientos, así como posibles malas decisiones».

A menudo les sugiero a mis clientes de *coaching* –si veo cierta apertura por parte de la persona– que practiquen técnicas como el mindfulness porque les pueden ayudar. A veces practicamos en sesión unos pocos minutos, aunque a algunos les puede parecer que pierden el tiempo haciéndolo en sesión y percibo que prefieren practicarlo en otro momento. Ante la posibilidad de que «se olviden», les sugiero que se bajen alguna aplicación al móvil y empiecen practicando sesiones guiadas breves en casa o en la oficina si pueden.

Aplicaciones que pueden ayudar a relajarte, meditar, dormir mejor o practicar mindfulness:

Mindfulness app: mindfulness o conciencia plena, basado en la meditación budista. Con sesiones guiadas de 3, 5, 15 y 30 minutos.

Medita: para aprender a relajarse, dormir mejor y vivir más tranquilo gracias a la meditación.

Headspace: conocida como la «aplicación de meditación para la vida moderna», con sesiones guiadas de 10 minutos.

Insight Timer: con profesores y música relajante para meditar; se parece más a una red social de meditación y relajación, porque puedes participar en foros o asistir a encuentros locales.

Calm: diseñada para reducir la ansiedad, dormir mejor y con músicas para practicar mindfulness.

Lo más importante es que puedan llegar a experimentar su efecto y comprendan que no son su pensamiento, sino que se pueden convertir en espectadores de sí mismos. ¡Ah, cuando esto sucede, es una liberación para la persona! Ser espectador de tus propios patrones de pensamiento aporta muchísimo autoconocimiento: uno se da cuenta de cuántos pensamientos «basura» tiene. Como decía un maestro que tuve: «Se trata de aprender a convertirse en *la mosca en la pared*, y desde allí, como si estuvieras fuera de ti mismo, aprender a observar tus pensamientos». Convertirse en espectador de la propia mente, las propias emociones y reacciones es un arte que requiere mucha práctica y refinamiento constante con uno mismo. Y, por supuesto, paciencia, voluntad de hacerlo, compromiso, compasión y amor para con uno mismo. Cuando este desapego real de los propios pensamientos y emociones empieza a suceder, cuando dejamos de identificarnos con ellos, empezamos a sentirnos más libres. No hay mayor esclavitud que no ver o no querer ver. Cuanto más desarrollamos el autoconocimiento, con mayor facilidad podemos reírnos de nosotros mismos, y a decir verdad, no tomarnos tan en serio nos ayuda a soltar un poco el ego y rebajar el orgullo. En definitiva, nos hace más humildes y más maduros como seres humanos, pero también más libres y felices.

«Quien mira hacia fuera sueña; quien mira hacia dentro despierta.»
Carl Jung (1875-1961)

Además, este tipo de entrenamiento no solo nos aporta auto-conocimiento, sino que también nos entrena en la autogestión; aprendemos a generar estados en los que queremos estar más a menudo: más tranquilos, más amables, más felices, menos gruñones, más empáticos, más compasivos...

Aprendemos que de manera libre podemos escoger cómo nos queremos sentir, sin depender siempre de las circunstancias externas. Eso es así más de lo que creemos. Ya no es estar al servicio del vaivén de la ola que le arrastra a uno, sino que es surfear la ola y, con más práctica si cabe, poder decidir ¡con qué estilo uno quiere surfear!

Para tener ideas realmente creativas, frescas, nuevas y diferentes, este entrenamiento resulta de gran ayuda, porque podemos tomar consciencia de cuándo estamos forzando demasiado una situación, o cuándo le exigimos demasiado al pensamiento lógico-racional, con el cual nunca podremos llegar tan lejos. Ese es el mejor momento para apartarse y no *empujar* el proceso, sino para desconectar conscientemente y confiar en el proceso de *incubación* con el fin de dejar que aparezca la mejor de las respuestas sin esfuerzo, casi como si de un milagro se tratara. Es cierto también que para conseguirlo es muy importante trabajar en el estado en el que estamos. Es difícil que este *flow* de la creatividad suceda si se está muy estresado o ansioso, como hemos visto antes con las ideas repentinas. Hay que estar relajado y, a la vez, conectado con la respuesta que buscamos.

Robert Dilts y Stephen Gilligan lo llaman *el efecto Errol Flynn,* refiriéndose al famoso actor espadachín conocido, además de por sus personajes de galán, por su dominio de la espada. A los que le preguntaban cómo conseguía tal dominio, les solía responder que había que sostener la espada como si fuera un pájaro, ni demasiado floja –porque si no, ¡zas!, el pájaro saldría volando– ni apretándola demasiado con la mano, en cuyo caso, *¡plash!,* el pájaro moriría aplastado o, lo que es peor, asfixiado.

Cuando se está en *flow*, el cerebro entra en un estado de hipofrontalidad, lo que significa que la corteza prefrontal está temporalmente menos activa. Recordemos, como se ha mencionado anteriormente, que la corteza prefrontal está activa cuando planificamos, resolvemos problemas, tenemos pensamientos abstractos o pensamos sobre nosotros mismos. Se han hecho estudios con atletas olímpicos, estos a menudo se refieren a estados de *flow* cuando practican deporte. Todos coinciden en que han realizado la mejor de sus *performances* cuando han podido superar sus propios límites. Eso no hubiera sido posible si hubieran estado pensando en cómo mover el cuerpo para hacer los movimientos. En esos momentos, el pensamiento consciente se deja de lado, ya que el cerebro inconsciente funciona mucho más rápido que el consciente.

¿Sabías que la estimulación cerebral mejora la creatividad?

Ya lo decía Steve Jobs, fundador de Apple, «Crear es simplemente una cuestión de conectar los puntos cerebrales».

La creatividad incluye la imaginación, intuición, hipersensibilidad, curiosidad, autonomía, descubrimiento inesperado de lo que aparece en el cerebro mientras está en un **estado de fluidez, de creación.**

Recuerda que para estimular tu imaginación necesitas una combinación de disciplina y relajación. Entrenarse con la imaginación requiere momentos de descanso y desconexión (*Down time,* véase el capítulo 4).

¿Qué hacer para ser más creativo?

«El paraíso es amar muchas cosas con pasión, la musa mejor que aparezca trabajando.»

Picasso, 1881-1973

Caminar estimula la creatividad, conectarse con todas aquellas actividades que te gustaban cuando eras un niño, estar en contacto con lo sensorial, como por ejemplo ducharse, relajarse, meditar o hacer deporte para generar endorfinas que nos ayudan a estar más creativos.

Dodecálogo para activar el estado de fluidez de la creatividad

1. **Confía en tu capacidad creativa.** Tienes capacidad para generar ideas, un potencial creativo que puedes desarrollar. Estimula un estado de «fluidez» en tu mente.

Los científicos han descubierto que las personas muy imaginativas son capaces de silenciar su crítico interno para crear nuevos arreglos musicales. Practica apagar tu «Red de atención ejecutiva», los juicios; la parte de tu mente que critica y evalúa tus acciones.

2. **Sueña despierto y visualiza tus sueños.** Dejar que tu mente divague es tan importante como concentrarse a fondo en una actividad.

   Dale espacio a tu mente para resolver problemas. Trata de mantener sueños positivos y orientados a objetivos y resiste la tentación de soñar despierto sobre cosas negativas y dañinas. Cuando aparezcan ponte a hacer actividades físicas para desbloquear tu estado mental. Haz pausas para sentirte feliz, optimista y motivado. Usa hábitos físicos y realiza ejercicio para estimular tu mente.

3. **Entrena tu cerebro para pensar de forma imaginativa.** Interioriza tu poder de imaginar. Muchas personas creen que solo los genios de nacimiento pueden ser creativos e imaginativos. Solo se trata de práctica y entrenamiento. Desafía a tu cerebro para desarrollar soluciones ante los problemas. Ten a mano un cuaderno y un bolígrafo para anotar ideas.

4. **Busca nuevas experiencias.** Sal de tu zona de confort y haz cosas diferentes que te despierten nuevos pensamientos e ideas. Tener nuevas experiencias te permitirá salir de la rutina o de un bloqueo creativo.

5. **Atrévete a hacer locuras.** Las locuras traen emoción, liberan tensiones, desatan la risa, relajan el ambiente y disparan nuestra imaginación; nos hacen sentir libres y ayudan a reírnos de nosotros mismos. Al liberarnos del estrés, nuestras ideas fluyen más libremente. Las personas son más creativas cuando están felices. El aburrimiento, la depresión, la tristeza y la cólera inhiben la imaginación. ¡Arriésgate!

6. **Saca a tu niño interior.** Multiplica tu capacidad de asombrarte para estar abierto a mil posibilidades y soluciones. Pasa tiempo con niños, personas jóvenes, animales. Aviva tu curiosidad.

7. **Escribe y lee.** Fluye con tus pensamientos, libera miedos y expresa todo aquello que se encuentre dentro de ti. Hay personas a quienes les ayuda escribir un diario. La lectura es una gran fuente de inspiración, especialmente la ficción. Leer te permite llevar tu mente a otra parte, despegarte de tus ataduras y soñar.

8. **Pasea.** Te permite liberar la mente, oxigenar tu cerebro y activar tu circulación. Caminar suelta tu mente subconsciente y activa tu lado creativo en un momento de «atasco mental». No hay mejor manera de soltar tensión que dejarlo todo e ir a dar un paseo.

9. **Escucha música.** Ayuda a activar la parte creativa del cerebro por sí sola.

10. **Baila, pinta** para liberar energía creativa.

11. **Practica y planifica** un tiempo y espacio para crear. Crea un ambiente propicio para desarrollar la imaginación y diseña un espacio de trabajo creativo. Rodearte de objetos creativos e interesantes puede ayudarte a inspirarte y concebir nuevas ideas y situaciones. Rodéate de luz y materiales naturales. Los estudios demuestran que las personas piensan de forma más imaginativa y más eficaz cuando están rodeadas de materiales naturales. En la medida de lo posible, utiliza la luz solar y espacios naturales para tus actividades creativas.

12. **Practica la meditación.** Despejar la mente, libre de pensamientos, es la mejor forma de dar vía libre a las ideas para que empiecen a fluir; desata tu subconsciente para entrar en un **estado de fluidez.**

Fuente: Elaboración propia a partir del libro
El camino de la creatividad, Facundo Arenas (2018).

Descubre cómo potenciar tu imaginación y creatividad con un entrenamiento sencillo. Te aconsejamos que comiences con algunos de los ejercicios del *Dodecálogo para activar el estado de fluidez de la creatividad.*

Según un estudio de la Universidad de Oxford, las personas que caminan son más productivas y dan mejores respuestas en exámenes diseñados para medir la creatividad. En cambio, quienes permanecían sentados demostraron ser más lentos y ofrecían respuestas similares.

Cuando estamos en estado de alerta, están activas las ondas cerebrales beta, mientras que las ondas alfa son las de la imaginación, creación y meditación (patrones rítmicos entre 8-12hz).

Secretos de la creatividad

Hoy día, el estudio de la creatividad está reforzado por la importancia que se concede a la capacidad para innovar y resolver problemas, en contextos y situaciones marcadas por cambios constantes, que requieren la divergencia y la discontinuidad del pensamiento creativo. La capacidad de una persona de ser creativa le permite percibir desde otra perspectiva, así como mejorar la imaginación. Las ideas están detrás de los proyectos, los planes, las obras maestras y las soluciones que nos permiten resolver los problemas.

En este contexto existen pruebas, como el test de pensamiento creativo de Torrance TCTT (The Torrance® Tests of

Creative Thinking) para medir y mejorar tu nivel de creatividad.

Ejercicio del test de pensamiento creativo de Torrance

Coge un trozo de papel. Piensa en un dibujo o en una cosa que puedas dibujar usando este trozo de papel. Piensa en algo que tengas ganas de dibujar: ¡tienes una buena idea! Intenta dibujar algo que nadie haya pensado hacer antes. Incluye ideas con las que cuentes una verdadera historia. No te olvides de ponerle un título a tu dibujo, un nombre divertido que explique bien tu historia.*

Para ser más creativo: libera tus ideas, expande tu capacidad de observación y percepción.

> «No hay creatividad si no nos mueve la curiosidad.»
> Paulo Freire

¿Cómo despertar la imaginación, el elemento clave de la creatividad?

> «La imaginación es el principio de la creación. Imaginas lo que deseas, persigues lo que imaginas y, finalmente, creas lo que persigues.»
> Bernard Show

La creatividad es un proceso dinámico, un proceso que fluye mejor en movimiento hasta que llega el conocido como «esta-

---

* Más información sobre los test de creatividad The Torrance® Tests of Creative Thinking (TTCT) en: https://www.ststesting.com/gift/

do de fluidez». Por esta razón, muchos artistas, científicos o ingenieros tienen rutinas como salir a caminar, porque activa la circulación y facilita la generación de ideas.

Muchas ideas surgen cuando se hacen acciones mecánicas como cocinar, conducir, limpiar, pasear, cantar, dibujar... Según uno de los autores de *The Eureka Factor*, Kounios, las mejores ideas aparecen en la ducha. Según las investigaciones, Kounios comenta que: «El agua caliente de la ducha seduce los sentidos y dirige la atención hacia pensamientos internos, un estado de conciencia que promueve el pensamiento creativo».

Ejercicios para activar la imaginación y la creatividad

1. **Un espacio para perderse e imaginar**
   Darle espacio al cerebro para imaginar. Para generar ideas originales es necesario estar relajado y tranquilo; sin embargo, nos obligamos a que sea mediante la disciplina y el entrenamiento. Por ello, es necesario buscar vías de escape para desconectar, para que surjan grandes ideas. Para relajarte, puedes darte una ducha, salir a caminar, preparar tu comida favorita, ejercitarte, o estar con personas que te recargan.

2. **Programa de acción-imaginación planificada**
   Comienza con un programa, un cronómetro/alarma que suene a los 5 minutos, puedes aumentar los minutos para conectarte y desconectarte: 5 minutos para una tarea de creación, y otros 5 minutos para una actividad de desconexión en la que puedas

relajarte, estirarte, tirarte al suelo, hacer ejercicio, algo que te permita cambiar de postura... En tu conexión: guíate por el instinto, crea tu obra de arte sin cuestionar o eliminar nada en principio. Cierra los ojos para sentir. El estado de fluidez ocurre cuando conectas con tu disfrute y con la calma.

3. **Programa de creatividad a través del *brainstorming* de ideas**
   Escribe las tres últimas frases de tres conversaciones.
   A. Ahora combina esas palabras o ideas en un texto (un relato, una poesía o una canción...) y crea algo que para ti tenga sentido.
   B. En un papel escribe en la parte superior la frase «¿Qué tal si...?». Ahora tómate 5 minutos para anotar la sucesión de respuestas que te vengan a la mente. Durante estos 5 minutos no pretendas dar coherencia a las respuestas, escribe sin filtros. Este ejercicio también funciona con grupos al hacer *brainstorming* –tormenta de ideas–, y también en redes sociales. Las personas son más creativas cuando trabajan en grupos. Al basarse en las ideas de los demás, son capaces de ir más allá de sus propias ideas para concebir soluciones imaginativas a los retos (adaptado de Facundo Arenas).

Lo más importante es que **seas flexible y permisivo contigo mismo** (crítico pero no destructivo) a medida que exploras tus intereses y habilidades; los fracasos forman parte del proceso de aprendizaje. **Sé persistente y cuídate física y emocionalmente.** Reúnete con amigos y frecuenta a personas imaginativas que te ayuden a mantenerte inspirado, animado e imaginativo, nútrete, descansa, come sano. Mientras más saludable te mantengas, más capaz serás de seguir imaginando proyectos increíbles.

Otra de las claves para activar tu imaginación es modificar tus rutinas de vez en cuando y, sobre todo, alejarte de las dañinas. Según la neurociencia, se ha demostrado un aumento a corto, medio y largo plazo de la productividad durante los momentos en que alteras tu rutina.

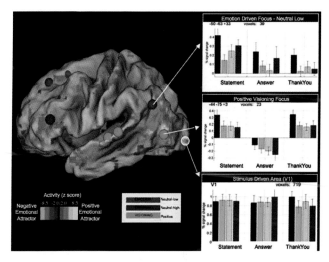

Imagen 1. Coaching *con compasión con enfoque PEA versus* coaching *para el cumplimiento con enfoque NEA* © *Cesaro, R.L., Boyatzis, R.E., Khawaja, M., Passareli, A., Barry, K., Jack, A., 2010*

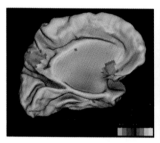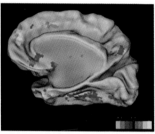

Imagen 2. *A: cuando el cerebro está feliz se activan distintas áreas cerebrales relacionadas con la felicidad; una combinación de emociones positivas y satisfacción con la vida que activan entre otras el núcleo precuneus, una región del lóbulo parietal medial, con un aumento de mayor materia gris que se encarga de actuar como directorio de información. B: cuando el cerebro está triste, el organismo y el cerebro requieren más oxígeno y más glucosa durante estos procesos emocionales, mayor gasto energético, y se activan distintas áreas cerebrales relacionadas con el hipocampo izquierdo, cíngulo anterior, cíngulo izquierdo anterior, amígdala izquierda y corteza prefrontal dorsolateral medial derecha.*

Fuente: Patrones de activación del cerebro cuando está feliz (izquierda) y triste (derecha). Universidad Carnegie Mellon (CMU) de EE. UU.

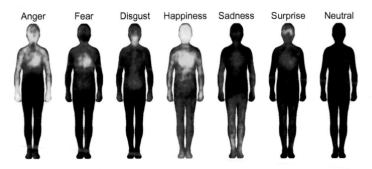

Imagen 3. *Enfado – Miedo – Asco – Felicidad – Tristeza – Sorpresa – Neutral*

Fuente: Estudio de las emociones realizado por la Universidad Aalto (Helsinki, 2010) en colaboración con The Amsterdam Centre for Cross-Disciplinary Emotions and Sensory Studies (ACCESS) (2018).

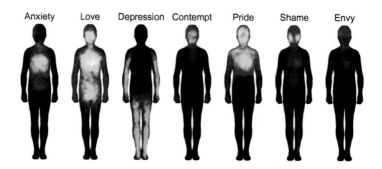

Imagen 4. *Ansiedad – Amor – Depresión – Desprecio – Orgullo – Vergüenza – Envidia*
En esta comparación de emociones, el amarillo indica la mayor actividad, seguida del rojo, negro neutral y azul, que indica baja actividad.

6. Estrés directivo.
Claves para reducirlo y aumentar el bienestar y la satisfacción de tu vida

Si no cuidas tu mente y cuerpo, ¿cómo vivirás?

Nuestro cuerpo es un ser vivo, único e increíble, y nuestra mente, con sus infinitas posibilidades, es nuestro legado más preciado.

¿Sabías que más del 60% de las enfermedades y dolencias crónicas son causadas por el estrés (Informe Asociación Americana de Medicina, 2018)? ¿Padeces o has padecido el «síndrome de estar enfermo», la sensación de saber que no estás al cien por cien? ¿Identificas cuál es tu zona vulnerable? Es decir, el órgano diana que, cuando has sobrepasado los límites, te avisa con síntomas de que urgentemente debes cambiar cosas de tu vida. Y lo peor, ¿sabías que los adultos con niveles crónicos de estrés tienen un desempeño mental un 50% inferior a las personas con un coeficiente intelectual (CI) más bajo? Esto significa que el estrés también tiene un gran coste para las empresas según los estudios en neurología (UCLA, 2018).

¿Qué ocurre en nuestra mente directiva?

«Tu mejor indicador eres tú: escucha tu cuerpo, es muy sabio, ¿qué te pide?»

Alexia de la Morena

Sí, has oído bien, tu mente es directiva, dado que el cerebro es el órgano –sistema de procesamiento– de mayor precisión al ser capaz de dirigir y gestionar las incertidumbres diarias de la forma más airosa en la mayoría de los casos (si no, estarías muerto).

La gran cantidad de información de la que disponemos hoy día no favorece las decisiones que tomamos. ¡Se dice que un francés del siglo XVII que viviese en un entorno rural tuvo, a lo largo de toda su vida, la misma cantidad de información que contiene el *New York Times* un domingo cualquiera! Distinguir con claridad lo importante se convierte en complejo. Puede parecer increíble, pero la tecnología está reprogramando nuestro cerebro y forma de pensar: antes era necesario tener más memoria, ahora, mayor capacidad de filtración y profundidad de análisis; y el resultado es que seguramente te sientas sobresaturado. Sabes que si prolongas esta situación, sin permitirte momentos de evasión, serás vulnerable a padecer estrés crónico o, lo que es lo mismo, vivir en un constante sistema de alerta que te dirija.

¿Qué es el estrés del siglo XXI?

Estresar(se): «causar, o sufrir, estrés» (RAE, 2018) es una tensión provocada por situaciones agobiantes y que origina «reacciones psicosomáticas»; al padecerse por causas internas –preocupaciones, expectativas, miedos– y también por causas externas difíciles de identificar –como aquellas que tienen origen en las interrelaciones: familia, amigos, pareja, finanzas, trabajo y salud– que afectan negativamente al desempeño del rendimiento, bienestar y satisfacción de vida.

Las causas patológicas del estrés

El estrés genera contaminación mental y afecta a capacidades como la memoria. Las causas más comunes son tres. ¿Cuáles son las que más te estresan a ti? ¿Las identificas? Seguro que has dicho y escuchado a la mayoría de las personas decir que no tienen tiempo y que se sienten mal porque tienen la sensación de no llegar a nada.

Identifica si estás padeciendo algunas de las causas más comunes de estrés

1. **La cronopatía: el estrés del tiempo.** Horrible sensación de parecer que no se llega a nada y no alcanzar una expectativa cuando tenemos un plazo real o imaginario para desempeñar una tarea. **Ejemplo 1:** no acabar a tiempo la tarea, ni tener tiempo para una actividad recurrente, como hacer ejercicio, momentos de ocio, o sentirte culpable por no ver a amigos, familia..., o tener que marcharse enseguida.

2. **El estrés anticipativo.** Percibes que un acontecimiento futuro será desagradable a través de una proyección negativa de tu mente.

Ejemplo 2: miedo al dentista al que tienes que ir mañana para que te haga un empaste y te imaginas que te toca un nervio ¡Agghhh! O no estudiar para un examen y estar estresado porque crees tener pocas probabilidades de aprobar...

3. **El estrés situacional.** El contexto estresa porque es una situación difícil, y nos preocupa lo que nos ocurra a continuación. **Ejemplo 3:** trabajar en Recursos Humanos contratando personal y que, por estar en crisis la empresa, seas el responsable de los ERE y los despidos...

«El cerebro humano ha creado la tecnología; y la tecnología está cambiando nuestro cerebro.»

Gemma Sala

Si vives en una gran ciudad y estás conectado a las nuevas tecnologías, el estrés cronificado parece haber llegado para quedarse si no aprendes a desconectar. Debes saber que cuando padeces estrés, cada 6 segundos tu mente se evade y desconecta unos segundos, un fenómeno que se conoce como los *momentos de microconsciencia*, lo que significa que el 50% del tiempo no estás presente: tu mente se evade dado que tu cerebro necesita recuperar energía para seguir activo a lo largo de jornadas infinitas.

Práctica 1: escuchar música que te gusta antes de una reunión o presentación directiva tiene efectos beneficiosos en el cuerpo humano y ayuda a reducir el estrés. Escuchar música antes de un factor estresante relaja el sistema nervioso autónomo (y tiene una recuperación más rápida), endocrino y psicológico según un estudio de la Universidad de Zúrich en 2013.

Práctica 2: cambia de una actividad mental a una actividad física (andar, correr, bailar, moverte de sitio o levantar algo durante 5-10 minutos) en donde se pueda liberar adrenalina con el movimiento. Si eres *coach*, puedes ponerlo en práctica con tu *coachee* trabajando cosas más corporales, respiraciones, visualizaciones, elementos psicogeográficos en el espacio, PNL.

¿Sabías además que existen dos tipos de estrés?: el positivo (activa) y el negativo (bloquea). Adivina con cuál tendrás mayor rendimiento visualizando la siguiente figura:

Figura 33. *Niveles de estrés.*
Fuente: Melvin Garita Mora (2009).

1. El **eustrés:** conocido como el estrés positivo necesario, sano y productivo para nuestra vida, produce alegría y satisfacción al ser motivante y moverte a la acción, hacia la satisfacción de perseguir una meta.

2. El **distrés:** el estrés negativo conocido como el «asesino silencioso» es un estado de angustia o sufrimiento en el cual una persona no llega a adaptarse a un entorno con factores amenazantes, al padecer una inadecuada activación psicofisiológica que conduce a una sensación de malestar y estrés. El **distrés emocional percibido** es un tipo de estrés crónico o nocivo que puede llegar a durar meses e incluso años. El **síndrome de Burnout** del trabajador desgastado –agotamiento por cansancio– es un trastorno relacionado con el estrés crónico (trabajadores agotados física y emocionalmente, desvalorizados y desmotivados). Es importante reaccionar a tiempo, reconocer los límites y buscar la ayuda de un profesional.

Etapas del estrés según Seyle

Figura 34. *Etapas del estrés (Seyle, 1960).*

1. **Reacción de alarma (RA).** Reacción del organismo cuando está expuesto a estímulos a los que no está adaptado (activación del sistema neural y neuroendocrino con liberación de adrenalina y noradrenalina en la sangre).

2. **Etapa de resistencia (ER).** Si el agente estresor se mantiene más tiempo, el organismo trata de adaptarse mediante la etapa de resistencia. Mantener el intenso estado de activación demasiado tiempo no es posible.

3. **Etapa de agotamiento (EA).** Si la situación estresante no cesa, se cronifica. La activación prolongada acaba conduciendo a una pérdida de sensibilidad de los órganos y a una acumulación en la sangre que acaba resultando perjudicial y que compromete la capacidad de resistencia del organismo (eje endocrino-hormonas). Fase relacionada con la aparición de enfermedades asociadas al estrés-cortisol: nervios, debilidad muscular, fatiga, dolores de cabeza, hipertensión, insomnio, depresión, infecciones, enfermedad cardiovascular, obesidad, desórdenes, problemas gastrointestinales, de concentración y memoria, disfunción sexual...

4. **Etapa de recuperación.** Tiempo de recuperación en el que ocurre a menudo que uno enferma cuando la mente y el cuerpo saben que pueden relajarse (descanso, vacaciones, fines de semana). Si sucede esto, ¡hay aspectos de nuestra vida que cambiar!

Claves para la desconexión

1. Fíjate prioridades, organízate mejor; no consultes el móvil ni el correo electrónico constantemente. Escoge momentos para desconectarte.

2. Aprende a procesar la información dedicando tiempo a la desconexión mental para recuperarte. Medita o sal a caminar a la naturaleza.

¿Qué es el estrés?

Una amenaza: el cuerpo se prepara para "atacar o huir" dirigiendo todos los recursos cognitivos y fisiológicos del cuerpo.

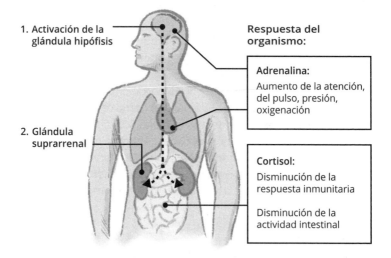

1. Activación de la glándula hipófisis

2. Glándula suprarrenal

Respuesta del organismo:

Adrenalina:
Aumento de la atención, del pulso, presión, oxigenación

Cortisol:
Disminución de la respuesta inmunitaria

Disminución de la actividad intestinal

Figura 35. *¿Qué es el estrés?*

Fuente: López Rosetti. Clínica Mayo (2010).

Ante una situación de emergencia, los mecanismos psicofisiológicos desempeñan un papel primordial en el proceso de adaptación y supervivencia. La respuesta de estrés nos permite reaccionar y superar el peligro; y permanecer en alerta para luchar o huir («fight-or-flight») al activar una respuesta fisiológica y emocional (tensión, miedo, agresividad, inseguridad, falta de concentración, preocupación, impaciencia) a través del eje hipotálamo-pituitaria-suprarrenal (HPA) responsable de las hormonas glucocorticoides, el cortisol, las catecolaminas (adrenalina y noradrenalina). Estas generan un aumento en la concentración de glucosa en la sangre facilitando un mayor nivel de energía, oxígeno, alerta, fuerza muscular y resistencia al dolor que nos permiten un estado de adaptación con el sistema nervioso autónomo, a través de los sistemas simpático y parasimpático (Moscoso, 2009). El cortisol facilita la preparación del sistema inmune para manejar sus defensas contra bacterias, virus, heridas e inflamaciones hasta que se cronifica a niveles altos.

En una situación de estrés como un divorcio, la búsqueda de trabajo, el desempleo o un duelo, el cortisol, la adrenalina y otras hormonas aumentan con el propósito de poder adaptarse a la demanda y dar una respuesta adecuada. Cuando la situación se restablece, nuestro cuerpo vuelve al equilibrio por efecto de la homeostasis. Sin embargo, cuando estas situaciones son repetitivas o de larga duración, el organismo reacciona de manera opuesta, produciendo un funcionamiento deficiente y síntomas clínicos que se caracterizan como estrés crónico.

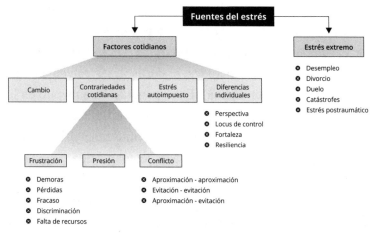

Figura 36. *Fuentes del estrés.*

Fuente: Alviz Rizzo (2019).

Descubre las diferencias entre ambos:

Estrés agudo (eustrés): un momento puntual de estrés. Cuando desaparece el estresor, se vuelve al equilibrio u homeostasis.

 a. Fortalece el cuerpo y la mente.

 b. Potencia la memoria y aumenta el sistema inmune.

 c. Libera adrenalina y noradrenalina.

 d. Relacionado con la supervivencia del más evolucionado.

Estrés crónico (distrés): estrés negativo y acumulativo que puede generar fatiga, dolor de cabeza, mareos, calambres, diarrea, náuseas, sequedad, palpitaciones, apneas, temblores, estreñimiento, enfermedades cerebrovasculares o del corazón, disminución del deseo sexual... debido a los **efectos acumulativos estresantes**, causando un desequilibrio homeostático en el cuerpo (Moscoso, 2009).

 a. Debilita el cuerpo y la mente.

b. Debilita la memoria (lesiona el hipocampo) y el sistema inmune.

c. Liberación de glucocorticoides (cortisol).

d. Relacionado con la eliminación del más débil.

Eustrés

El eustrés inspira
- Buena salud
- Ejercicio regular
- Buenas relaciones
- Alta autoestima
- Apertura cognitiva
- Estabilidad emocional
- Habilidad para dar amor
- Habilidad para recibir amor
- Disfrute de la vida

Y resulta en:
- Satisfacción
- Felicidad
- Vida prolongada

Distrés

El distrés inspira:
- Mala salud
- Estilos de vida sedentarios
- Relaciones pobres
- Baja autoestima
- Estancamiento
- Inestabilidad emocional
- Inhabilidad para amar
- Rechazo
- Percepción pesimista de la vida

Y resulta en:
- Descontento
- Tristeza
- Enfermedad

Figura 37. *Eustrés y Distrés.*

Fuente: Marchena A. C.I: 24.042.796.

¿Sabías que cuando existe un aumento de ansiedad, la capacidad mental es menor en ciertas áreas y disminuye la atención, la percepción, el aprendizaje y la memoria (bloqueo de palabras...)? Así que... manos a la obra... el entrenamiento cerebral es una forma de combatir la angustia emocional, que reduce habilidades y el optimismo.

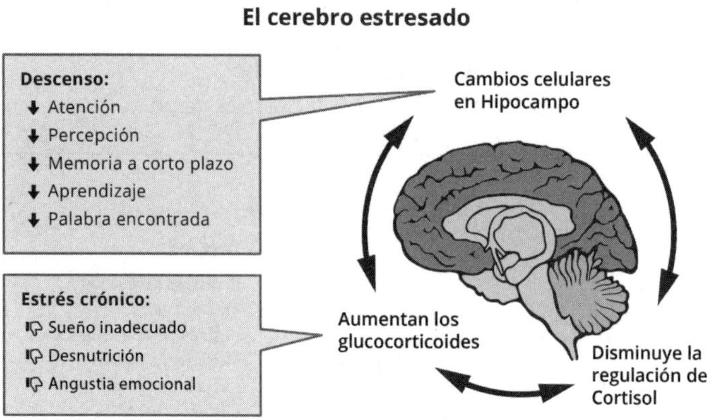

El cerebro estresado

Descenso:
- ⬇ Atención
- ⬇ Percepción
- ⬇ Memoria a corto plazo
- ⬇ Aprendizaje
- ⬇ Palabra encontrada

Estrés crónico:
- ☞ Sueño inadecuado
- ☞ Desnutrición
- ☞ Angustia emocional

Cambios celulares
en Hipocampo

Aumentan los
glucocorticoides

Disminuye la
regulación de
Cortisol

Figura 38. *El bucle del cerebro estresado.*
Fuente: *Women Health Network* (2012).

Estrés crónico y estilo de vida

Existen conductas que favorecen la calidad de vida, y otras
que desarrollan un patrón conductual caracterizado por reacciones y síntomas de estrés crónico (Moscoso, 2014, 2015;
Stress & Cognitive Neuroscience). El cerebro, responsable de
ellas, tiene el control sobre los sistema autónomo, endocrino
e inmune en la regulación de neurotransmisores, glucocorticoides y hormonas que debilitan fisiológicamente el sistema
digestivo y las emociones cuando son inadecuadas.

¿Cómo afecta el estrés a nuestro cuerpo?

El estrés es reconocido como el asesino silencioso del momento. La Asociación Americana de Medicina afirma que el 60% de las enfermedades y dolencias está creado por el estrés.

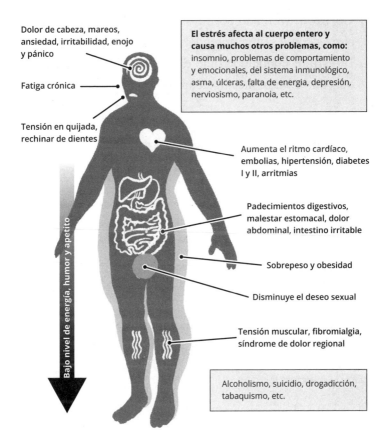

Dolor de cabeza, mareos, ansiedad, irritabilidad, enojo y pánico

Fatiga crónica

Tensión en quijada, rechinar de dientes

Bajo nivel de energía, humor y apetito

El estrés afecta al cuerpo entero y causa muchos otros problemas, como: insomnio, problemas de comportamiento y emocionales, del sistema inmunológico, asma, úlceras, falta de energía, depresión, nerviosismo, paranoia, etc.

Aumenta el ritmo cardíaco, embolias, hipertensión, diabetes I y II, arritmias

Padecimientos digestivos, malestar estomacal, dolor abdominal, intestino irritable

Sobrepeso y obesidad

Disminuye el deseo sexual

Tensión muscular, fibromialgia, síndrome de dolor regional

Alcoholismo, suicidio, drogadicción, tabaquismo, etc.

Figura 39. *¿Cómo afecta el estrés al cuerpo?*

El cerebro, el corazón y el intestino son las áreas con mayor número de neuronas.

1. **Cerebro:** tiene más de 100 billones de neuronas.
2. **Corazón:** formado por más de 40.000 neuronas con funciones como sentir, aprender y recordar.
3. **Intestino:** conocido como el cerebro entérico cuenta con más de 100 millones de neuronas.

Conductas que provocan la muerte de neuronas

El estrés prolongado genera una reducción del hipocampo y de la neurogénesis (nuevas neuronas)

Falta de descanso y sueño

Mala alimentación: grasas saturadas, azúcares, harinas...

Tabaco: no solo destruye neuronas, además evita que nazcan nuevas

Consumir drogas como éxtasis, cocaína y alcohol

Deshidratación (agua, minerales, vitaminas)

Sobresaturación por horas de trabajo

Falta de ejercicio físico

Exposición a pesticidas, ambientes nocivos de trabajo (minas, pegamentos, cemento, dióxido de carbono)

El envejecimiento

Los síndromes más habituales del estrés afectan de manera gradual al sistema inmune, neuronal, cardio, endocrino, causa fatiga, fiebre, alteraciones del sueño, fotofobia (intolerancia a la luz), hiperacusia (hipersensibilidad auditiva), cambios de temperatura, cefalea, dolor muscular y de articulaciones, gripe, faringitis, problemas de concentración, pérdida de memoria, desorientación, desequilibrio emocional y problemas en los riñones por acumulación de cortisol en las glándulas suprarrenales.

---

1. El **síndrome de fatiga crónica (SFC)** conocido como **encefalomielitis miálgica** o **enfermedad sistémica de intolerancia al esfuerzo (ESIE)** es una enfermedad crónica que se caracteriza por la fatiga persistente y dificultad cognitiva.

2. El **trastorno por estrés postraumático (TEPT). Trauma psíquico** o **psicológico** que amenaza profundamente el bienestar del individuo. Aparición de síntomas tras la exposición a un acontecimiento estresante traumático que puede salir a la luz en *flashbacks* o recuerdos retrospectivos (explosiones de imágenes).

3. **Trastorno de ansiedad:** existen múltiples trastornos de ansiedad –generalizada, social, separación, agorafobia, pánico, mutismo, fobias–, continuos o episódicos, que tienen en común el miedo y los cambios de conducta como respuesta emocional anticipatoria a una amenaza futura que un individuo puede experimentar como aprehensión mental, tensión física, síntomas físicos y ansiedad disociativa. Las emociones presentes en los trastornos de ansiedad van desde el nerviosismo a episodios de terror-taquicardia-pánico que pueden mejorar con conductas de afrontamiento. Tan solo en España, el 20% padece uno de estos desórdenes.

Más habitual en mujeres. ¿Sabes si padeces ansiedad? Puedes emplear cuestionarios clínicos estandarizados de detección, como la Escala de Ansiedad Manifiesta de Taylor o la Zung Self-Rating Anxiety Scale.*

El estrés percibido (cómo lo percibes y afrontas): la gran amenaza

No es lo que pasa en distintas situaciones de la vida, sino cómo tú lo *percibes* e interpretas.

> «No existe nada bueno ni malo, es el pensamiento el que lo hace parecer así.»
>
> Shakespeare, 1564

La ansiedad y el estrés se han convertido en el problema de salud número uno de nuestra sociedad. Inducidos por las emociones, son respuestas a estímulos que se perciben por los sentidos, los pensamientos y los recuerdos con los que interpretamos la realidad; de forma positiva (beneficiosa) o negativa (perjudicial) para la salud y la función reguladora de la motivación. Si se tiene miedo, la amígdala se activa, secuestrando el funcionamiento del cerebro, entonces toma las riendas por delante de la corteza prefrontal, área encargada del razonamiento, la planificación, etcétera.

---

* http://www.conexionismo.com/test_psicologicos.php
  https://www.redalyc.org/pdf/2972/297225162009.pdf

Lidiar con estresores, desafíos y factores de riesgo inherentes a nuestro entorno y profesión conlleva un impacto en el bienestar psicosocial y en nuestra calidad de vida. Las poblaciones de mayor riesgo y vulnerabilidad se hallan entre las personas que viven en las grandes ciudades; estadísticamente, son en las que se registran mayores casos de obesidad, ansiedad, depresión, infartos cardíacos, ictus, criminalidad reflejo de esta problemática.

El modelo transaccional del estrés
(Lazarus & Folkman, 1984)

El modelo transaccional del estrés afirma que, según se perciba una situación, desencadena una respuesta de estrés que no generaría la misma reacción en todos los individuos, al no tener el mismo significado (Straub, 2012). Depende de cómo se vivan los sucesos estresores objetivos, así como de la capacidad de afrontamiento, los factores de personalidad y el grado en el que una persona considera que su vida es impredecible, incontrolable o agotadora.

El cuadro que a continuación se muestra (Lazarus, 1990) recoge el procesamiento de cómo percibimos las situaciones, a través de un suceso desencadenante de nuestra vida.

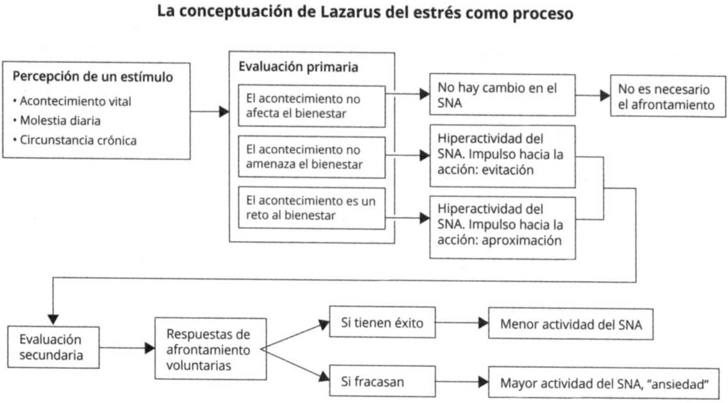

La conceptuación de Lazarus del estrés como proceso

Figura 40. *La conceptuación de Lazarus del estrés como proceso.*
(SNA = sistema nervioso autónomo).

Cómo percibimos los problemas se ha convertido en el verdadero desafío del *management* actual y es lo que más daño humano y económico causa a las personas y las organizaciones.

1. **Sistema de alarma que no es perfecto y en ocasiones toma decisiones equivocadas.**
2. **El secuestro límbico** es un bloqueo que se produce cuando se activa en ti el miedo (amígdala) y sientes tensión o sufrimiento. A medida que aumenta la intensidad de la situación, disminuye nuestra capacidad cerebral y de control. Por ejemplo, tener miedo a un jefe, cliente, al equipo. Por ello es importante que puedas mejorar la gestión emocional, para tener control sobre tu sistema límbico. Es necesario que transformes el estrés en una energía facilitadora

para el cambio, para ser el líder que llevas dentro. El entrenamiento en estrategias de afrontamiento adaptativas y adecuadas para hacer frente a los estresores, y en habilidades de manejo del estrés, te ayudarán a reducir el impacto negativo en la salud, y en las organizaciones. Como psicólogas y *coachs*, te recomendamos un programa individual o grupal de intervención en la reducción del estrés teniendo en cuenta estas cuatro áreas:

---

a) Brinda información respecto a la respuesta de estrés y sus consecuencias en la salud.

b) Toma conciencia sobre las valoraciones estresantes respecto a los acontecimientos o situaciones.

c) Promueve la restructuración cognitiva: modifica las distorsiones cognitivas, disminuye los pensamientos negativos y aumenta la autoeficacia y el autocontrol.

d) Entrena en estrategias de afrontamiento adecuadas, técnicas de relajación, así como en comunicación asertiva de las preocupaciones y emociones.

Fuente: Antoni, 2003.

Para conocer tu nivel de estrés y la percepción subjetiva de tu calidad de vida, así como tu capacidad de afrontamiento, puedes responder a estas preguntas que se encuentran en el **Cuestionario de la Salud MOS-SF y el Test de estrés percibido**

(Ware y Sherbourne, 1992). Un cuestionario de 2/3 minutos, con 12 preguntas que abarcan 8 dimensiones o escalas de salud, resultado del promedio de la suma de las preguntas relacionadas con la: a) función física (FF); b) rol físico (RF); c) dolor corporal (DC); d) salud general (SG); e) vitalidad (VT); f) función social (FS); g) rol emocional (RE), y h) salud mental (SM). Este test puedes usarlo con tu *coachee*:

---

1. En el último mes, ¿con qué frecuencia has estado afectado por alguna situación que ocurrió inesperadamente?

2. En el último mes, ¿con qué frecuencia has pensado sobre las cosas que te quedan por hacer?

3. En el último mes, ¿con qué frecuencia te has sentido nervioso o estresado?

4. En el último mes, ¿con qué frecuencia has estado seguro sobre tu capacidad para manejar los problemas personales y profesionales?

5. En el último mes, ¿con qué frecuencia has podido controlar las dificultades de tu vida?

6. Durante el último mes, ¿con qué frecuencia has sentido que las cosas te salen bien?

Cuestionario de la Salud MOS-SF y el Test de estrés percibido (Ware y Sherbourne, 1992). Más información en: www.iqola.org

Descubre tu ventana de tolerancia.
¿Tienes miedo a relacionarte con personas,
ser asertivo o salir a lugares nuevos?

Las emociones que experimentas pueden ser adaptativas o desadaptativas.

La *ventana de tolerancia* es el espacio emocional donde somos capaces de soportar y resistir un tiempo. Cuando nos sentimos seguros en una relación laboral, personal o de amistad nos encontramos en la ventana de tolerancia. Cuando existe una *sobreactivación (estrés)* se sufre un secuestro emocional; y la falta de motivación, de ilusión y de energía desembocan en una *baja activación*.

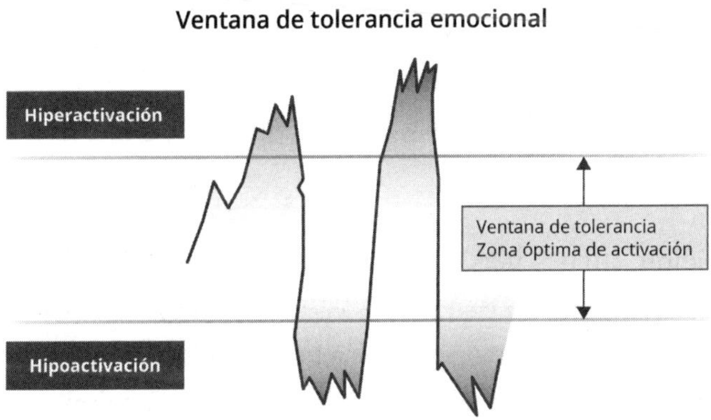

Figura 41. *Ventana de tolerancia emocional.*
Fuente: Mestre Roldán (2017).

Ocupas una posición de privilegio para cambiar e influir positivamente en el clima de la organización. ¿De qué forma? Activando *el centro de recompensa y de la confianza* de tus colaboradores, tratándolos con un sentido de equidad, reconociendo sus aportaciones, apoyando su desarrollo profesional, promoviendo la transparencia y la colaboración, generando certeza y autonomía en las formas de trabajar. La capacidad de influir del líder será mayor en cuanto este sea un referente y se convierta en un modelo que seguir, promoviendo el *contagio emocional positivo*.

> «Tu liderazgo depende de la calidad de la interacción con los otros y de desarrollar la empatía.»
> Alexia de la Morena, 2018

¿Cómo está tu mente hoy?

> «El exceso de cólera engendra la locura.»
> Epicteto de Frigia, s.f.

Atención, ¡tienes más control sobre las emociones de lo que piensas, estas te alertan de cosas que están pasando en ti! Si eres consciente de lo que tienes a tu alrededor, «casi todos los factores estresantes vienen inducidos por las emociones» (Albrecht, 2007). Tu cerebro es un órgano social; con reacciones fisiológicas y neurológicas moldeadas por la interacción social (Eisenberger y Lieberman, 1960). Tu mente crea conjeturas construidas por ti, con miles de neuronas conectadas

(Feldman, 2018). La mejor recomendación es convertirse en gestor de tus emociones; para ello primero tienes que reconocerlas sin quedarte atrapado por ellas. El análisis de las emociones te ayudará en una buena gestión del estrés también en las organizaciones. **El estrés tiene un impacto directo en la cuenta de resultados de las empresas.** Recuerda que las emociones negativas en respuesta al estrés diario afectan la salud mental a largo plazo (Estudio de la entidad de la mediana edad Midlife Development in the United States [MIDUS] y The National Study of Daily Experiences [NSDE] en 2013).

La influencia de la inteligencia emocional percibida (IEP) en el afrontamiento del estrés cotidiano es parte de tu responsabilidad. Según «cómo percibas la vida, así actuarás» (De la Morena, 2019).

Un ejemplo de ello se ve en un estudio realizado por el Grupo de Investigación en Estrés y Salud (GIES), del departamento de Psicología Básica, Evolutiva y de la Educación de la Universidad Autónoma de Barcelona (2019). En el estudio se evaluaron tres dimensiones de la inteligencia emocional:* atención emocional, claridad emocional y reparación emocional a través de la evaluación de cuatro tipos de afrontamiento:

---

* El estudio se realizó a través de la escala TMMS-24 y se registraron los estresores diarios con la escala DISE, el estado afectivo con PANAS y el afrontamiento del estrés cotidiano mediante la escala MoCope.

1. Afrontamiento centrado en el problema
2. Búsqueda de apoyo social
3. Aceptación de las emociones
4. Rechazo.

Los resultados mostraron que: a) las personas con alta claridad emocional usaron más el afrontamiento centrado en el problema, la aceptación de las emociones y menos el rechazo; b) las personas con alta reparación emocional usaron más el afrontamiento centrado en el problema, la búsqueda de apoyo social y menos el rechazo, y c) las personas con alta atención emocional usaron más la aceptación de emociones y la búsqueda de apoyo social. Concluyendo que la inteligencia emocional favorece el bienestar emocional al promover el afrontamiento adaptativo frente al estrés cotidiano.

Las emociones positivas te hacen más inteligente. Las emociones positivas aumentan la flexibilidad mental y el pensamiento, y facilitan la resolución creativa de problemas. Alcanzar un estado emocional positivo requiere práctica y es un trabajo constante contigo mismo. Las personas que comienzan el día conscientemente experimentan más emociones positivas durante el día, muestran más interés en su trabajo, tienen más probabilidades de sentirse conectadas y de apoyar a los demás, y tienen más probabilidades de dormir mejor esa noche.

**Práctica: claves para reducir el estrés diario
(esto depende de ti)**

1. Trátate como una persona digna y feliz
2. Piensa en las personas que más aprecias
3. Ponte solo un objetivo a la vez
4. Haz ejercicios de visualización

La participación en actividades saludables, una alimentación equilibrada, el ejercicio físico, así como técnicas que facilitan la respuesta de relajación (Moscoso, 2014), te ayudarán.

Nutrientes adecuados

Consumir alimentos que contienen antioxidantes, como la vitamina E (que se encuentra en aceites y nueces), protege tus neuronas. Otros nutrientes importantes para este proceso son los ácidos grasos omega 3 (presentes en las semillas de lino, semillas de chía, nueces y algunos pescados).

Gestión del estrés y la felicidad

> *«Tú que das de ti mismo,
> danos fuerza para que
> amemos nuestra vida,
> en sus ganancias y pérdidas,
> en sus triunfos y sus fracasos,
> en sus alegrías y tristezas.*

Haz que tomemos con valentía,
y con valentía demos.

Rabindranath Tagore

La felicidad es una **elección** personal que hacemos. Cualquier persona sana puede **determinar en buena medida con qué estado de ánimo** quiere afrontar la **vida**... Una mente orientada a la crisis... solo piensa en lo que falta, mientras que una persona optimista y saludable es creativa, flexible, empática y productiva. Por eso, una **comunicación honesta** te ayudará al reconocimiento del trabajo en equipo; y poner el foco en la confianza, la compasión y la esperanza para erradicar el analfabetismo emocional y generar estabilidad. El optimismo está profundamente arraigado en el cerebro; se valoran más las buenas noticias al activar el circuito de la recompensa. Sin embargo, cuando estás estresado recuerdas los errores, las situaciones complejas y generalmente no tomas decisiones acertadas. **Tu cerebro está programado para dar más importancia a las buenas noticias que a las malas, ha descubierto un estudio, según el cual las personas optimistas tienen más activado el circuito cerebral de la recompensa que las personas realistas.** Esta investigación (UCLA, 2018) confirma la existencia de un sesgo de aprendizaje anclado profundamente en la condición humana: tendemos a aprender de forma asimétrica, privilegiando las informaciones positivas y despreciando las negativas.

El sentimiento de sentirse excluido

La red que se activa cuando sentimos dolor físico es la misma que cuando nos sentimos excluidos socialmente, cuando estamos haciendo un duelo, o cuando nos tratan injustamente. El cerebro reacciona igual y nos podemos sentir tremendamente amenazados (Cozolino, 2014).

El cerebro experimenta el lugar de trabajo principalmente como un sistema social:

a) **Racionaliza o tempera las reacciones:** «si te las tragas» se **limita el compromiso y la implicación** (Eisenberger y Taylor, 2007).

b) **Los factores estresantes se dividen en internos y externos.** Los conflictos, miedos, temor a ser o no ser suficiente, los sentimientos de culpa son ejemplos de **factores estresantes que no dependen del entorno. Las causas internas del estrés provienen de las percepciones de amenazas del entorno.** Se basan en las expectativas de las personas o en la creencia de que nos puede ocurrir algo. Los factores externos son los que dependen de circunstancias externas al sujeto.

Consecuencias de activar el sistema de alarma: agotamiento físico y emocional

El agotamiento y desgaste que provoca pasar por una situación de peligro o amenaza prolongada provoca que los recursos neuronales y físicos se destinen a sobrevivir y a superar la huella que deja la situación crítica en nuestra memoria. La amígdala activa el hipocampo (estructura encargada de fijar los nuevos aprendizajes y recuerdos) y provoca que el recuerdo quede fijado intensamente. **El entrenamiento y algunos de los recursos de actuación que hemos ido viendo pueden ayudarte a mejorar tu respuesta de adaptación.**

Teoría de las 3 R y tipos de apego de John Bowlby

El apego conforma el cerebro y las experiencias de vida: el **tipo de apego.**

El cerebro es un órgano social y como tal responde de manera adaptativa a situaciones críticas y de peligro: cuánto más riesgo perciba, más estrés padecerá. El cerebro aprende, cambia y se desarrolla con las interacciones sociales, especialmente en las relaciones tempranas con los padres o cuidadores. En esa etapa se construyen las estructuras cerebrales de nuestra vida, a través de las experiencias –pautas de apego– que se codifican en el circuito del cerebro en la memoria implícita (inconsciente), de manera muy determinante entre los 12 y 18 meses de edad.

Según la teoría de las 3 R de Bowlby (1969), la forma que tome ese **vínculo de apego** durante las primeras etapas de vida determinará en gran medida la felicidad y bienestar en la vida adulta. Las 3 R se refieren a:

1. Relaciones.
2. Regulación del afecto.
3. Resiliencia durante nuestra vida.

Identifica tu vínculo afectivo de conexión y pertenencia: ¿dirías que en general te sientes seguro y con una buena autoestima o, por el contrario, predomina en ti la desconexión y el aislamiento?

Las situaciones críticas tienden a recordarse toda la vida. Si quieres profundizar más sobre el apego, accede al artículo «Apego y Pérdida».*

¿Sabes qué tipo de apego tienes o has establecido con tu familia, pareja, amigos, equipo?

1. **El apego ansioso o inseguro** (incoherente, miedoso, inseguro, preocupado por las relaciones pasadas, pasivo. Gestiona mal los conflictos y los enfados).
2. **El apego distante o evitativo** (evita el contacto, se aleja, le cuesta la interacción social, no se enfrenta).
3. **El apego seguro** (seguro de sí, confiado, colaborativo, coherente, habilidad para cooperar, explorar).
4. **Ambivalente, desorganizado** (estrés, actitud temerosa, contradicciones, falta de respuesta o respuesta inapropiada).

* https://scielo.conicyt.cl/pdf/rcp/v85n3/art01.pdf

Resultado de un apego seguro

1. Regulación corporal, equilibrio del sistema simpático y del parasimpático.
2. Comunicación sintonizada, sentido de la experiencia del otro.
3. Regulación de las emociones.
4. Flexibilidad de respuesta adaptativa.
5. Empatía.
6. *Insight*, autoconocimiento.
7. Eliminación del miedo.
8. Intuición. Conocimiento profundo sin lógica aparente.
9. Moralidad. Comportamientos basados en la empatía.

Sistema motivador de tres partes:
miedo, apego, exploración

Como *coach* es esencial que puedas trabajar con la confianza y las relaciones de apego con el fin de reforzar el **sistema motivador (miedo, apego, exploración).** Para ello, identifica las pautas defensivas del *coachee* y cocrea la generación de nuevas pautas más saludables y resilientes que puedan poco a poco, a través del hábito consciente, codificarse en las estructuras de la memoria explícita (accesibles a la consciencia), así como en las estructuras de la implícita (inconscientes, creando nuevos hábitos de relación en el entorno), para trabajar un apego seguro.

1. Clarifica los conceptos sobre los vínculos afectivos delimitando lo que es un vínculo de apego de lo que no lo es.
2. Incide sobre los factores que en mayor medida influyen en la calidad emocional diaria.
3. Elimina expectativas, el apego emocional tóxico, y reconoce las limitaciones.
4. Plantea claves para la detección de riesgo de la inseguridad emocional y refuerza la seguridad, la autoestima y el potencial.

Autoconsciencia y autorreflexión

Los hemisferios cerebrales (izquierdo y derecho) procesan la experiencia de forma consciente:

a) **El derecho es la base del autoconocimiento y de la autoidentidad;** se desarrolla antes que el izquierdo y tiene más conexiones neuronales con el sistema límbico; procesa imágenes, sensaciones y emociones y descodifica la experiencia de nuestras relaciones. Tiene un sesgo hacia las emociones negativas y el pesimismo, la ansiedad, la vergüenza, la depresión y el aislamiento, que puede causar un impacto en nuestra experiencia de apego y dificultar el cambio de conductas.

b) **El izquierdo** las describe y analiza. Procesa principalmente el lenguaje y presenta **un sesgo hacia las emociones positivas, el humor, el acercamiento.**

¿Te acecha la desconcentración? Tres errores comunes

1. **Controla las situaciones.** Tu mente tiene la capacidad de recordarte que no estás haciendo lo que deberías (supervivencia): pensamientos negativos que afectan al nivel de concentración. *Ejemplo: imagina que trabajas en algo que no te gusta, tu mente te recordará constantemente que deberías estar haciendo lo que te gusta, y tu incongruencia mental te genera malestar. También te puede pasar si haces las cosas por compromiso, sin querer realmente hacerlas.* **Recomendaciones: convierte tu pasión en tu trabajo**, esto te ayudará a tener una relación más saludable con tu entorno cercano y, sobre todo, contigo mismo. La insatisfacción es un gran generador de distracciones. **Reclama tu autonomía:** no tener control sobre lo que haces dispara la desconcentración. Cuando tu trabajo está excesivamente supervisado, puedes sentirte desmotivado por falta de confianza y autonomía. La novedad estimula tu cerebro y favorece la concentración.

2. **Establece un orden de prioridades.** Dejar las tareas más complejas para el final no ayuda. *Ejemplo: sabes que tienes que terminar un informe, sin embargo, te sumerges en lo más reciente.* **Acumular tareas pendientes (mayor estrés y desconcentración). Recomendaciones: 1. Planificación rutinaria:** es crucial, nuestra energía disminuye a lo largo del día y la semana y no eres un superhéroe. Más del 60% de las tareas que realizas hoy también las harás mañana, saber

el tiempo del que dispones es importante para planificar la agenda, correos, mensajes... tareas diarias que restan tiempo.

2. **Las urgencias son pocas:** la mayoría no lo son realmente, se estima que tan solo el 1% de las tareas son urgentes. Es un problema generalmente de planificación, priorización y procrastinación. Mito: hay personas que se sienten importantes con las urgencias, pero generalmente son resultado de una mala organización.

3. **Éxito. Nos regimos por ideales de éxito** que generan frustración al estar relacionados con causas materiales que al igual que las imposiciones y normas generan una **montaña rusa emocional.** *Ejemplo: un compañero ha logrado un ascenso. Empiezas a sentir rabia porque consideras que tú eres mejor.* **Recomendaciones:** 1. **Alegrarte:** tú eres el máximo responsable de sentir y ser un buen **gestor emocional** para darle otro sentido al éxito. 2. **Sentir rabia reduce tu capacidad de autocontrol emocional:** un síntoma de inmadurez emocional, no solamente porque tu entorno más cercano pagará las consecuencias, sino porque aceptas que el **desgobierno emocional** sea quien dirija tus decisiones y deberías estar concentrado en tus objetivos.

Ejercicio: caminar al menos tres horas por semana puede mejorar la concentración y la cantidad de neuronas y conexiones entre ellas, ya que aumenta el flujo de sangre al cerebro. Estos resultados se pueden ver incluso en pacientes con Parkinson (enfermedad degenerativa del sistema nervioso central) y mayores de edad. ¡Hacer ejercicio desde una edad temprana reduce el riesgo de padecer esta enfermedad!

Técnicas y recursos para reducir el estrés

Entre las más interesantes se encuentran algunas relacionadas con la risoterapia, la desconexión, la demostración de afecto, la solidaridad, la cooperación, aprender o dedicar más tiempo a hacer un *hobby*, practicar deporte, yoga, mindfulness, bailar, pintar.

Técnica de la risoterapia

La risoterapia o terapia de la risa es una técnica psicoterapéutica que permite generar beneficios mentales y emocionales a través de la risa. Se convierte en una interesante herramienta en intervenciones grupales con grandes beneficios psicológicos y emocionales positivos.

Como *coach*, el objetivo principal de la técnica consiste en provocar un estado con el que la persona consiga experimentar la risa, la cual se traduce de forma directa en beneficios para la salud.

1. *Fase teórica:* se explican los beneficios fisiológicos de la risa (aumento del oxígeno, de la respiración, energía, fe-

licidad, reducción del insomnio, mejora de la piel, el corazón y los pulmones, genera endorfinas, efecto analgésico).

2. *Fase práctica:* la terapia prosigue con una serie de ejercicios prácticos (se pueden emplear recursos como la risa contagiosa de un bebé, así como otras) y se pueden emplear técnicas de imitación individual o grupal.

3. *Fase comunicativa:* se exploran cuáles son las sensaciones y emociones de los participantes. Los sujetos se conocen entre sí, adquieren confianza y complicidad en las sesiones.

«Recuerda que no podrás volar tan alto como con la mente humana.»

Alexia de la Morena

Práctica

1. ¿Cómo sabes que te está afectando el estrés?
2. ¿Qué parte de tu cuerpo se resiente más?
3. ¿Qué recursos tienes para paliarlo?

Lo mejor es comenzar con lo más sencillo. Por ejemplo, pregúntate: ¿cuándo ha sido la última vez que te has reído?, ¿cuántas veces?, ¿durante cuánto tiempo? Cuando te ríes, generas vitalidad en tu cuerpo; activas la mente, respiras el doble y la sangre se oxigena más. Entre los beneficios de la risa se activan más de 400 músculos de la cara que queman calorías, desatascan oídos, fosas nasales y limpian los ojos. Una explosión de sensaciones que activan el hipocampo (regula emociones, memoria) y la amígdala (núcleo de control de las emociones y sentimientos y respuestas de satisfacción o miedo).

Las 4 maneras de estimular tu cerebro

1. **Alimenta tu cerebro:** con productos de calidad, aprende cosas nuevas y cultiva relaciones de calidad; recuerda que nuestro cerebro es social.
2. **Relax:** los mejores aliados del relax son el control y la previsibilidad para vivir con calma.
3. **Duerme:** dormir entre 7-8 horas es vital para tener buena salud y mayor lucidez.
4. **Haz ejercicio:** para oxigenarte y aumentar tu salud y bienestar. Si no eres de los que haces mucho deporte (¡aunque sea porque crees no tener tiempo...!), trata de llevar una vida activa, anda mucho, sube y baja las escaleras, etcétera.

Hormonas relacionadas con el estrés

1. **Cortisol (estrés):** hormona relacionada con el bloqueo de las fortalezas y capacidades. En las organizaciones, los niveles de cortisol suelen ser altos porque existe mucho miedo al error y la cultura del fracaso. Cuando se mantiene en el tiempo provoca irritabilidad, cambios de humor, fatiga,

cefaleas, palpitaciones, hipertensión, bajo apetito, afecciones gástricas, dolor muscular, calambres.

2. **Glucagón:** hormona que se sintetiza mediante las células del páncreas y su principal foco de actuación se centra en el metabolismo de los hidratos de carbono.

3. **Testosterona:** hormona del vigor, impulsividad, estatus social e incremento de la dominancia para llevar a cabo una acción. Cuando el estrés se mantiene en el tiempo puede provocar cambios de humor, fatiga y cansancio crónico, problemas para conciliar el sueño e insomnio. Se pueden experimentar problemas sexuales, como impotencia, disfunción eréctil o falta de deseo sexual.

4. **Oxitocina (confianza, apego, amor):** hormona que incrementa la actividad cerebral vinculada al placer, reduce el estrés y estimula los sentidos y el bienestar (estados de ánimo positivos).

5. **Progesterona, estrógenos y prolactina:** con el estrés disminuyen su producción causando una gran cantidad de efectos y síntomas, como fatiga extrema, aumento de peso, cefaleas, alteraciones en el humor, falta de ovulación y de deseo sexual (perturbando el funcionamiento normal de la mujer).

Acciones beneficiosas para reducir el estrés

1. **Reírse:** agiliza nuestra mente, conecta ideas, estimula la creatividad, reduce los niveles de cortisol (estrés) y mitiga

sus efectos, nos hace más resilientes y felices. El sentido del humor es especialmente bienvenido en momentos de crisis: ayuda a desdramatizar.

2. **Solidaridad y estrés:** un trabajador feliz es amable, sabe trabajar en equipo y antepone los intereses de los compañeros a los suyos propios. El optimismo es una actitud con la que una persona es capaz de establecerse metas desafiantes y mantener la determinación de alcanzarlas; se refleja en conductas como la perseverancia, la vitalidad, la creatividad y una constante orientación al logro. La Universidad Jaume I de Castellón (España) combina la investigación para implementar intervenciones que ayuden a crear organizaciones «saludables y resilientes» (Varela, 2018). Un estudio sobre neurociencia reveló que las personas que hacen actos solidarios reducen el estrés (bajan la hormona del cortisol y aumenta la oxitocina, la hormona de la confianza, el apego y el amor).

¿Has experimentado un orgasmo cerebral?

Es una sensación intensa de calma y placer que parte de tu cabeza y produce efectos similares a la meditación y otras técnicas de relajación. Al igual que el orgasmo sexual, que hace vibrar todo el cerebro, se activa el sistema de la recompensa cerebral siendo eficaz para eliminar tensiones: provoca una liberación torrencial de oxitocina que anula completamente el cortisol, la hormona del estrés.

¿Cómo conseguirlo?

Estar relajado, dejar la mente errante, activar algún sentido para generar el *efecto sinestesia*, que genera una sensación de bienestar. Por ejemplo, al escuchar un concierto sensorial, baño de sonido... con el que adentrarse en los estados de conciencia a través de *cinco ondas cerebrales* que cambian según la actividad: *delta, zeta, alfa (lentas) y beta y gamma (rápidas)*, de forma flexible y fluida. Cuando estas son rápidas, el cerebro está activo y comprometido, pero si permanecen así durante mucho tiempo, entra en un estado de alerta. Cuando es hora de descansar, las ondas cerebrales lentas aumentan y las ondas cerebrales rápidas disminuyen. Al medir las ondas cerebrales antes y después de una experiencia, se obtiene la imagen de cómo esta impacta en el cerebro.

La meditación aumenta la concentración, la perspectiva global, el aprendizaje, la memoria; regula las emociones y la materia gris del cerebro, y disminuye las preocupaciones y el dolor según un grupo de neurocientíficos de la Universidad de Harvard (Lazar, 2018). Estos llevaron a cabo un estudio de resonancia magnética funcional en el que se observó la activación en la zona del hipocampo y el lóbulo frontal y concluyeron que en ese estado se toman mejores decisiones (ScienceDirect & Psychiatry Research Neuroimaging).

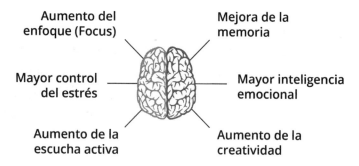

Aumento del enfoque (Focus)

Mejora de la memoria

Mayor control del estrés

Mayor inteligencia emocional

Aumento de la escucha activa

Aumento de la creatividad

Figura 42. *ScienceDirect & Psychiatry Research Neuroimaging.*

La actividad de onda gamma se sobreexcita durante el estrés y la ansiedad. Durante la meditación, los pensamientos, sentimientos o conductas disminuyen y el cerebro cambia a un estado más relajado y coherente tan solo 10 minutos después de la meditación. Sugiere que la persona no está pensando tanto en sí misma (o en sus preocupaciones).

La literatura científica sobre la meditación muestra que la técnica de *meditación trascendental de relajación profunda* reduce la ansiedad, aumenta la autoconciencia e inteligencia, facilita la normalización de la presión arterial alta y reduce las adicciones. *La respiración silente*, que es una técnica de relajación que regula el latido cardíaco, y la desconexión a través de ejercicios respiratorios y un entrenamiento riguroso de la atención son técnicas milenarias utilizadas en Oriente. Su práctica reduce la posibilidad de ataque cardíaco y accidente cerebrovascular entre las personas con este riesgo en un 48% (American Heart Association, 2018).

Estos resultados proporcionan una demostración de que este tipo de técnicas pueden tener un impacto casi inmediato en la reducción del estrés. En la actualidad se emplean tecnologías de realidad virtual (*Serious Games*) con meditaciones que permiten recrear entornos a través de instrucciones guiadas para ayudar a las personas a controlar el estrés, mejorar el sueño y reducir el dolor.

Miniguía para la meditación mindfulness

Kit de supervivencia mindfulness (3 prácticas básicas)

1. **Práctica:** los cinco pasos para hacer *mindfulness,* activando los tres cerebros (reptil, límbico, neocórtex). Emplear de 30 segundos a 5 minutos te ayudará a tomar mejores decisiones y encontrarte en un estado de mayor calma y lucidez.

   Paso 1: haz tres respiraciones profundas de forma consciente y lenta.

   Paso 2: trae la atención plena a tu mente. ¿Qué pensamientos tienes en el momento presente? Deja que aparezcan sin forzarlos, ni quedarte atrapado en ninguno. Déjalos pasar como si fueran nubes en el cielo.

   Paso 3: deja caer la conciencia hacia el corazón. ¿Qué te dicen el corazón y la intuición? Siéntelo, permítetelo.

   Paso 4: lleva la atención hacia el intestino. Ahora ponte la mano en el abdomen. Sintoniza cualquier corazonada, intuición, emoción. Deja que aparezca sin forzar.

Paso 5: Siente toda la información. Inspira y espira una respiración profunda y consciente, con la intención de recopilar toda la información del cuerpo y la mente. Pregúntate: ¿qué debo hacer ahora? Escucha la respuesta, deja que aparezca sin forzarla ni analizarla.

2. **Práctica:** Si necesitas *bajar revoluciones* y calmarte en cualquier momento y lugar.
1. Cierra los ojos. 2. Mantén la atención por un momento en la respiración; regula paulatinamente la respiración para disminuir su velocidad. 3. Siente cómo se agranda y disminuye tu caja torácica. 4. Pon la atención solo en el aire que entra y sale. 5. Verás que tu actividad disminuye y aparece una sensación de calma.

3. **Práctica:** Si eres de los que no se te da bien eso de la meditación, no te preocupes, te enseñamos un ejercicio para bajar el estrés a través de los sentidos.
1. Aprovecha para ir al baño. 2. Lávate las manos. 3. Con los ojos cerrados, mójate las muñecas, los dedos, la sien... 4. Escucha el sonido del agua. 5. Preocúpate solo de sentir en tu cuerpo el agua: déjate llevar... ¿Qué sensaciones te produce? ¿Te hace sentir bien? 6. Disfruta de esa sensación, regálate el momento y quédate con el bonito recuerdo experiencial.

¿Qué sucede al meditar?

1. Las células y los tejidos del cuerpo se regeneran.
2. Cambia la materia gris del cerebro (mayor memoria, concentración, aprendizaje).
3. Cambia el sistema glandular y los fluidos del sistema se comunican con todo el organismo.

Beneficios emocionales y psicológicos de la técnica mindfulness según la neurociencia

Mejora	Reduce
Concentración – Enfoque	Estrés
Toma de decisiones	Ansiedad
Productividad	Depresión
Creatividad	Presión sanguínea
Memoria	Insomnio
Relaciones con los otros	Dolor
Sistema inmune	Adicción
Salud cerebral y cardiovascular	Trastorno de estrés postraumático
Tiempo de recuperación	Síntomas de hipervigilancia y reactividad, sobresaltarse con facilidad, tensión, dificultad para dormir e irritabilidad
Autocontrol	Absentismo
Satisfacción laboral	Costes en el cuidado de la salud
Salud y bienestar	

Cambios que se producen con la meditación, de un estado negativo a positivo.

Estresado, ansioso y enojado	Calma, sentirse mejor, concentrado
Desconectado	Cooperador y creativo
Preocupado	Empoderado
Reactivo	Proactivo
Insomne y cansado	Descansado y recargado
Distraído y herido	Consciente de la situación y seguro

Los cuatro ciclos de la mente cognitiva

Los ciclos cerebrales atraviesan diferentes estados de conciencia, hasta el estado de reposo.

1. Mente errante (*Mind Wandering*)
2. Conciencia de distracción (*Distraction Awareness*)
3. Reorientación de la atención (*Reorientation of Attention*)
4. Atención sostenida (*Sustaining Attention*)

Nuestra mente pasa por más de cuatro estados necesarios todos los días para poder atender a las demandas de nuestra vida y tener momentos de conciencia y desconexión en los que se recarga y regenera nuestro cerebro. Para poder alcanzar estados de conciencia en los que somos conscientes de nuestras decisiones, nuestra mente necesita momentos de **microdesconexión,** como es el fenómeno de la mente errante, *Mind Wandering,* que está positivamente relacionada con la creatividad.

Es aquí donde surgen generalmente los momentos ¡eureka!, esas ideas excelentes, en sitios en los que te permites estar relajado, como en la ducha o paseando por un bosque. Asimismo, nuestra mente pasa por el fenómeno de la **conciencia de distracción (*Distraction Awareness*),** un estado disociado de la conciencia donde puede haber estados de distracción o trance. Vas conduciendo y de repente pegas un volantazo porque te has distraído; estás escuchando a alguien y de repente tu mente se va a otro sitio. Otro de los fenómenos es el de la **reorientación de la atención (*Reorientation of Attention*),** que consiste en que nuestra atención puede ser inconscientemente atraída por la repentina ocurrencia de algún estímulo significativo en el entorno, el cual se disipara en un breve período. El último fenómeno cerebral es el de la **atención sostenida (*Sustaining Attention*)** en la que de forma consciente llevas a cabo una tarea de mucha concentración, como puede ser comprobar un estado financiero.

Como curiosidad, las variaciones estacionales influyen en el funcionamiento del cerebro con picos de atención en verano y desplomes en invierno, asociados a la luz y los ciclos biológicos relacionados con nuestra glándula pineal. Esta genera melatonina, una hormona derivada de la serotonina, que modula nuestros patrones de vigilia y sueño y tiene un impacto positivo en la tensión arterial, en la fortaleza y elasticidad arterial y en la resistencia de los músculos cardíacos (estudio *Seasonality in human cognitive brain responses*. The Rockefeller University, Nueva York, 2016).

Ahora ya sabes que tu cerebro descansa y se repara en los momentos de microdesconexión y cuando duermes, así que preocúpate de dormir las horas necesarias y permítete momentos de **microdesconexión.** A continuación, te damos las claves para que tengas un mejor desempeño cada día.

Las 10 estrategias para controlar el estrés entre las personas de alto desempeño

1. **Aprecia lo que tienes.** Cultivar una actitud de gratitud mejora el estado de ánimo, la energía y el bienestar.
2. **Mantente positivo.** Los pensamientos positivos ayudan a hacer intermitente el estrés; trata de pensar en algo positivo cuando te inunden los pensamientos negativos.
3. **Desconecta.** El cuerpo necesita descanso tras un estrés constante. Cosas tan sencillas como apagar el móvil, no mirar el correo o reservar un tiempo para nosotros pueden disminuir los niveles de estrés.
4. **Duerme.** Dormir recarga y regenera nuestro cerebro; es un proceso donde se almacenan o desechan los recuerdos del día, por lo que después de dormir bien estarás más alerta y lúcido. Si duermes entre 7 y 8 horas, tu estado de ánimo será más positivo y resolverás mejor los desafíos

diarios que si duermes menos. Además, si hay falta de sueño, se es más vulnerable a sufrir un ictus, demencia, Parkinson, alzhéimer...

5. **Respira.** Pon tu atención en la respiración, ¡toda la atención! Una técnica: contar respiraciones hasta llegar a 20, reiniciando si se pierde la concentración.

6. **Rediseña tu forma de ver las cosas.** No puedes controlar las circunstancias, pero sí cómo las percibes e interpretas: ¡replantea la situación!

7. **Limita tu consumo de cafeína.** La cafeína dispara la liberación de adrenalina y, cuando abusas, te desconcentra.

8. **Evita las críticas y los diálogos negativos.** Distingue entre pensamientos y hechos.

9. **Evita preguntarte ¿qué pasaría sí?** Cuanto más tiempo pasas preocupándote, menos productivo eres en tu vida personal y profesional.

10. **Pide ayuda** cuando la necesites.

Como *coach* puedes emplear otras técnicas como el *counseling*, **una forma de acompañamiento, que se origina en el contexto de la psicología humanista en la década de 1960.**

Ha demostrado tener un gran impacto como metodología dado que se define como un proceso interactivo basado en la comunicación en el que el profesional ayuda a reflexionar sobre decisiones adecuadas en función de sus valores e intereses. Entre los casos de éxito se encuentra la utilización de esta metodología en la sanidad para dar apoyo a los médicos, las enfermeras y los celadores que trabajan en las unidades de cuidados intensivos compartiendo apoyo moral, conocimientos y formas de coordinación de equipos.

Práctica:

1. ¿Cómo te sientes hoy tras los momentos duros en el trabajo?
2. ¿Qué problemas necesitas compartir con tu equipo?
3. ¿Cómo podrías ayudarlos, y ellos a ti?

Si quieres saber más, solo tienes que escribirnos:

www.gemmasalaconsulting.com

www.alexiadelamorena.com

7. *Coaching* con atractores emocionales positivos: un modelo de *coaching* pensando en el cerebro

El *coaching* con compasión (*Coaching with Compassion*, Boyatzis *et al.*, 2006) es también conocido como un modelo de *coaching* basado en los atractores emocionales positivos –los PEA del inglés *Positive Emotional Attractor* –. El opuesto es el *coaching* para el cumplimiento (*Coaching with Compliance)* basado en los atractores emocionales negativos –los NEA del inglés *Negative Emotional Attractor–*. El *coaching* con compasión parte de estudios desarrollados por Richard Boyatzis y sus colaboradores de la Universidad Case Western Reserve en Cleveland, Ohio.* De acuerdo con este modelo, un *coaching* hacia los atractores emocionales positivos pone

---

* Aunque inicialmente se realizó un estudio en la Universidad Case Western sobre *Coaching with Compassion*, posteriormente otros autores y otras universidades se involucraron y publicaron «Visioning in the brain: an fMRI study of inspirational coaching and mentoring» (más información en la bibliografía).

el foco en los sueños, esperanzas, fortalezas o aspiraciones de la persona, para facilitar el cambio y la mejora. Por el contrario, un *coaching* hacia los atractores emocionales negativos está enfocado en las debilidades de la persona, o en criterios externos sobre qué es el éxito, y no demuestra que facilite cambios sostenibles en el tiempo.

Las investigaciones sugieren que el *coaching* con compasión provoca un estado psicofisiológico de compasión tanto en el *coach* como en el *coachee*. El estado físico se refiere a que en sesión, y según la orientación de las preguntas, se activa el sistema nervioso parasimpático (SNP) o bien el simpático (SNS).

El significado de compasión en este modelo

Pero ¿qué quieren decir los autores cuando hablan de compasión? Aquí se utiliza una definición confuciana de la compasión, entendida como benevolencia. La palabra «benevolencia» tiene dos raíces: *bene,* que significa bueno o bien, y *volencia,* que significa voluntad. Así se puede entender que la palabra en su sentido completo tiene que ver con hacer el bien como una decisión voluntaria.

Eso contrasta con el típico planteamiento occidental que vincula la experiencia de la compasión con sentir el dolor del otro o sentir pena por alguien.

Por otro lado, la definición budista se refiere al amor y el deseo de que los demás estén libres de sufrimiento y de las causas del sufrimiento. Para ellos, el amor es definido como el deseo de que los demás sean felices y encuentren las causas de la felicidad.

En el planteamiento de este estudio, no es necesario ni sentir el dolor de los demás, ni amor hacia ellos, ni apiadarse; sin embargo, eso puede formar parte de la experiencia de la compasión.

Sistema nervioso parasimpático (SNP) versus sistema nervioso simpático (SNS) y su impacto psicofisiológico

La estimulación del SNP está involucrada en el control de muchas funciones biológicas; a través de la activación del nervio vago se estimula la liberación de acetilcolina que, en el caso del SNP, produce un efecto inhibitorio, es decir, disminuye la frecuencia cardíaca y activa la acción de los intestinos. La acetilcolina es un neurotransmisor que funciona como relajante natural y lo podemos activar con la respiración.

El SNP se relaciona con estados de relajación, calma y equilibrio. Por tanto, su función principal tiene que ver con la *homeostasis*, que es la tendencia natural que tenemos los seres vivos de volver al equilibrio, gracias a los mecanismos de autorregulación con los que contamos. El SNP participa en la regulación del aparato cardiovascular, digestivo y genitourinario.

Aprender a estimular el nervio vago a través de la respiración ayuda a relajarse y también refuerza el sistema inmunitario, ayuda a reducir los síntomas de la depresión y la ansiedad, la taquicardia y la hipertensión.

Vamos a ver una técnica muy sencilla que puedes realizar solo con **la respiración consciente** para favorecer la tranquilidad, la relajación, la concentración y la eliminación de toxinas.

Ejercicio de respiración abdominal:

- Inspira por la nariz lentamente contando hasta 4
- Retén el aire con los pulmones llenos contando hasta 4
- Espira suavemente contando hasta 6

Hazlo varias veces al día, especialmente si estás viviendo algún episodio estresante. Es importante que te tomes 1 minuto o 1 minuto y medio poniendo toda la atención en el recorrido del aire al entrar y al salir.

Este ejercicio contribuye a detener el efecto del estrés, especialmente contraproducente cuando hay una carga alostática prolongada (proceso en el que el cuerpo se encuentra sometido a situaciones de gran exigencia).

A nivel psicológico, la activación del SNP durante la sesión de *coaching* o *mentoring* provoca apertura cognitiva, emocional, de la percepción y del comportamiento, a la vez que se comprueba que mejora el rendimiento del individuo. ¿Consideras que esto puede ser interesante durante una sesión de *coaching* o *mentoring* con un estudiante, cliente o colaborador?

Por otro lado, la estimulación del SNS libera epinefrina –más comúnmente conocida como adrenalina– y norepirefrina –o noradrelanlina– causando un aumento de la velocidad del pulso, de la presión de la sangre y del ritmo de la respiración.

El SNS se relaciona con estados de tensión y estrés y con las típicas respuestas primitivas de atacar, huir o bloquearse (las 3 «f» del inglés *fight, fly* o *freeze*).

A nivel psicológico, al hacer preguntas que ponen el foco en las debilidades de la persona, o en las dificultades que está viviendo o puede experimentar en el futuro, se observa que se activa el SNS provocando actitudes defensivas y de cierre, ya que el individuo conecta más con el miedo, la amenaza o el sentimiento de culpa.

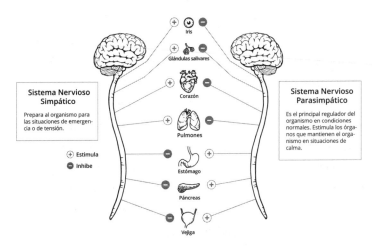

Figura 43. *Sistema nervioso simpático y parasimpático.*

Según los autores Boyatzis, Cherniss & Adler, que han desarrollado el estudio del *coaching* con compasión, «la mejora y la

optimización del *coaching* y sus técnicas se ha visto dificulta-
da por una falta de comprensión de los mecanismos psicológicos y fisiológicos involucrados».

En un estudio realizado a estudiantes universitarios se
practicó *coaching* con ambos planteamientos, PEA (*Positive
Emotional Attractor*) y NEA (*Negative Emotional Attractor*),
y posteriormente se utilizó la fMRI (resonancia magnética
funcional) para rastrear la actividad neural. Se demostraron
diferencias significativas en la activación como resultado de
estos dos planteamientos del *coaching*.

Atractores emocionales positivos (PEA)

Las experiencias con los PEA durante una sesión de *coaching*
demuestran cuestiones fundamentales para el propósito de esta
disciplina, tales como que estimulan un mejor funcionamiento
cognitivo, incrementan la apertura perceptiva hacia nuevas
ideas, emociones y personas, despiertan estados emocionales
positivos, aumentan la salud inmunológica, revierten algunos
de los daños causados por el estrés crónico y estimulan el cambio de actitudes (Boyatzis, Smith & Blaize, 2006).

Por tanto, los PEA ayudan a la persona a abrirse y ver posibilidades donde no las veía antes, y la conecta con sus sueños y esperanzas de futuro. Esa incorporación de una visión más optimista
del futuro provoca un tono emocional alegre e ilusionante respecto a la vocación, la pasión, los valores y los propios objetivos.

La Teoría del cambio intencional de Boyatzis involucra la estimulación del SNP y provoca una actividad más intensa de la parte izquierda de la corteza prefontal, que resulta ser más positiva que la derecha. Las personas relatan que sienten emociones como bienestar, esperanza e incluso euforia. A su vez, estas emociones positivas afectan de forma comprobada al funcionamiento cognitivo, permitiendo el acceso a información almacenada en la memoria y la integración de información nueva. Como resultado de dicha activación del SNP, las personas están mucho más abiertas a nivel emocional, cognitivo y perceptivo para aprender y cambiar conductas. Se ha podido demostrar también un aumento en la toma de conciencia, aspecto muy deseable durante una sesión de *coaching*: es difícil cambiar cualquier cuestión que colabore en nuestro bienestar y desarrollo si primero no tomamos conciencia de ella.

Las preguntas PEA ponen el enfoque en el Yo ideal, en la vocación, los sueños, las pasiones y visión futura. Activan el sistema nervioso parasimpático (SNP) que conduce a:

- ✓ estimular un mejor funcionamiento cognitivo;
- ✓ incrementar la apertura perceptiva hacia ideas, emociones y personas;
- ✓ despertar estados emocionales positivos;
- ✓ estimular un comportamiento abierto al cambio;
- ✓ aumentar la salud inmunológica;

✓ revertir algunos de los daños causados por el estrés crónico, y

✓ activación de la corteza prefrontal izquierda («la optimista»).

Atractores emocionales negativos (NEA)

En el caso de los NEA que activan el SNS –sistema nervioso simpático– se observa una mayor activación de la corteza prefrontal derecha, que al contrario de la izquierda que veíamos más activada con los PEA, aquí parece despertar algunas emociones negativas específicas como el miedo y el disgusto. Otras emociones negativas que han sido relacionadas con estos circuitos neurales son la sensación de depresión o ansiedad o una relación desagradable con el entorno.

Una vez comprendida esta base fisiológica de la activación neural, no nos debería sorprender que los NEA provoquen actitudes defensivas, o que la persona ponga más el foco en posibles dificultades futuras, amenazas, o sienta más la culpa.

Desafortunadamente, la práctica común observada en *coaching* en contextos como la salud en las interacciones médico-paciente, o la educación en la relación maestro-alumno, involucran en mayor medida los atractores emocionales negativos. Muchas veces, sin ser intencionado, practicar *coaching* o *mentoring* hacia los NEA puede provocar un incremento del estrés, sensación de hostilidad o también respuestas defensivas.

Las preguntas NEA ponen el enfoque en el Yo real y, mayoritariamente, en las debilidades, necesidades o afectos negativos, activando el sistema nervioso simpático (SNS) que:

✓ provoca actitudes defensivas, de amenaza o de sentido de culpa;
✓ disminuye el funcionamiento cognitivo y la percepción;
✓ activa sistemas neuroendocrinos característicos de la respuesta humana al estrés (libera epinefrina y norepinefrina): aumento de la velocidad del pulso, de la presión de la sangre y del ritmo de la respiración;
✓ disminuye la salud inmunológica, y
✓ activación de la corteza prefrontal derecha («la pesimista»).

Atractor emocional positivo, *coaching* con compasión y Yo ideal

Smith, Boyatzis & Van Oosten (2009) han llamado al *coaching* de una persona vinculado al atractor emocional positivo –PEA– *coaching* con compasión. El efecto positivo de este tipo de *coaching* consiste en trabajar para preparar el Yo ideal de una persona, su visión de futuro, sus sueños y pasiones.

La Teoría del cambio intencional (*Intentional Change Theory* ICT) de R. Boyatzis nos facilita una explicación para el logro de un cambio sostenible del comportamiento. A nivel individual, la ICT sostiene que «el cambio es un proceso complejo, interrumpido por una serie de discontinuidades que producen un ciclo repetitivo de desarrollo» (Boyatzis, 2006). El concepto de «cambio sostenible» implica que aquel cambio que el *coachee* consiga hacer durante un proceso de *coaching* y se aplique a un contexto específico debería ser replicable en un futuro una vez finalizado el proceso, y en otros contextos relacionados. Cuando eso se produce significa que efectivamente el cambio es sostenible y la persona lo ha integrado por completo en su repertorio cognitivo, emocional y conductual.

En la Teoría del cambio intencional se advierte el dinamismo cíclico que nos acerca al Yo ideal, nunca acabado, nunca cerrado y con discontinuidades, que el *coach* debe tener muy presente para seguir apoyando al *coachee* a pesar de que a veces, en su proceso de aprendizaje, vuelva a patrones antiguos. La desmotivación y la frustración en esos momentos pueden aparecer y hay que apoyar con *feedback* positivo lo conseguido, nunca aquello que no se ha cumplido. El cambio es posible, pero no siempre es fácil. Por eso, Boyatzis incluye las relaciones de confianza que apoyan y animan en cada paso del proceso. En ese sentido, la figura del *coach* o del mentor es clave.

Existen factores cruciales para este proceso: los PEA, que tienen el propósito de crear estados psicológicos que impulsan el proceso de cambio y los NEA, fuerzas desestabilizadoras que pueden estar dificultando el avance.

La visualización, un recurso muy utilizado en diferentes contextos, ha demostrado ser eficaz en la «performance» de las personas. Consiste en imaginar o visualizar que se consigue algo, que se supera un reto, o que se hace realidad un sueño. Por ejemplo, los atletas olímpicos o los músicos lo han venido utilizando en las últimas décadas. Por tanto, si se realiza un *coaching* o *mentoring* hacia los atractores emocionales positivos (PEA), se estará ayudando a la persona a incrementar su esperanza, además de estimular su SNP, como ya se ha comentado. Así pues, desde un punto de vista psicológico, un *coaching* con PEA activa la motivación positiva que ayudará a cambiar los patrones de conducta.

Figura 44. *Teoría del cambio intencional (Intentional Change Theory ICT) de Richard Boyatzis.*

Coaching y contagio social

La relación del *coach* con el *coachee* (o cliente) activa todo tipo de excitación psicofisiológica a causa del efecto del contagio social porque *las emociones son contagiosas* (Strazdins, 2000). Las personas las «captan» unas de las otras. Se trata de un mecanismo de neuronas espejo presentes en diferentes partes del cerebro (Goleman & Boyatzis, 2008). Es como si el cerebro fuera una antena que capta las emociones, y su efecto contagioso se expande hacia los demás y contribuye a crear un clima o un estado de ánimo en las relaciones, equipos de trabajo y organizaciones. En términos de consultoría se habla de «clima organizacional», literalmente.

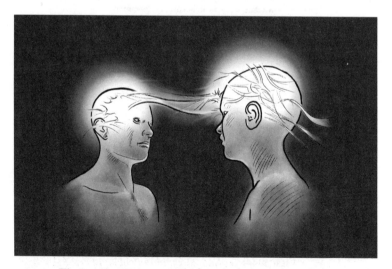

Figura 45. *El efecto contagioso de las neuronas espejo.*

El desafío está en entender los mecanismos neuronales subyacentes. Tanto la excitación como la transmisión neural de esos contagios ocurren a grandes velocidades, es cuestión de milisegundos, por debajo de la velocidad del procesamiento consciente de una persona. Eso ocurre por el efecto de las neuronas espejo y, por eso, es importante entender los mecanismos neurales estimulados durante las experiencias de *coaching*.

Si el *coaching* a través de los PEA aumenta el rendimiento cognitivo, mejora la percepción y la apertura emocional y estimula el cambio de actitudes, es crucial entender la diferencia que puede existir entre la estimulación neural a través de los PEA y aquella que crea otras condiciones, como por ejemplo los NEA.

Diversas investigaciones han demostrado el poder del contagio entre los líderes y los miembros de sus equipos. Una relación de *coaching* (o *mentoring*) es una forma de relación de poder, como el liderazgo, en la cual una persona muchas veces está abierta a ser influenciada por la otra. Los estados de ánimo, ideas e incluso los hábitos del *coach* pueden extenderse hacia el *coachee* (y viceversa).

Si el proceso de *coaching* invoca los PEA, se puede esperar que el *coachee* contagie al *coach*. Entonces el *coach* lo siente, y más adelante lo expande hacia el *coachee*. Eso se puede convertir en un circuito de *feedback* positivo que involucra los sistemas psicológicos, fisiológicos y de conducta.

Lo que se ha demostrado es que un *coaching* orientado a PEA es mucho más efectivo si se quiere conseguir cambios conductuales. Además, este enfoque pretende enfatizar la importancia de la interacción social entre *coach-coachee* o mentor-mentorizado.

Preguntas tipo realizadas por el *coach*

Preguntas tipo realizadas por el *coach* a estudiantes universitarios durante el estudio de *coaching* con compasión y sus respuestas (R. Boyatzis, A. Jack, R. Cesaro, M. Khawaja y A. Passarelli).

Coaching con compasión. Preguntas PEA
Si todo saliera de forma perfecta en tu vida...
- ✓ ¿Qué estarías haciendo dentro de 10 años?
- ✓ ¿Dónde vivirías?
- ✓ ¿Cómo pasarías tu tiempo?
- ✓ ¿Cómo serías como persona?
- ✓ ¿Qué esperas sacar de tu experiencia en esta universidad en términos académicos, sociales y otros aspectos de tu vida?

Coaching para el cumplimiento. Preguntas NEA
- ✓ ¿Qué desafíos has encontrado, o estás esperando encontrar, en tu experiencia aquí, hasta la fecha?
- ✓ ¿Qué grado de exigencia tiene tu agenda de clases?
- ✓ ¿Qué notas esperas sacar aquí?
- ✓ ¿Haces todas o una parte de las lecturas asignadas para el curso?

✓ ¿Te resulta difícil hacer amigos aquí?

✓ ¿Sientes temores con respecto a tu tiempo, tus experiencias o tu rendimiento aquí?

A continuación, vamos a ver algunas declaraciones repetidas durante estas entrevistas.

Declaraciones PEA

✓ Como graduado de esta universidad espero tener las herramientas necesarias para contribuir positivamente a la organización donde trabaje.

✓ Mis padres y hermanos están orgullosos de que yo sea estudiante de esta universidad.

✓ Mi futuro es emocionante.

✓ Estoy aprendiendo cosas aquí que me harán una mejor persona.

Declaraciones NEA

✓ En general, no tengo mucho tiempo para la diversión durante mi estancia en esta universidad.

✓ A medida que me voy acercando al final de la carrera, me veo a mí mismo luchando para conseguirlo.

✓ La universidad es un lugar aburrido.

✓ Los profesores no son siempre buenos, o no siempre me ayudan.

Aquí, en este libro, no vamos a entrar en detalles sobre la metodología utilizada en el estudio; para ello, por favor, véase el artículo reseñado en la bibliografía. Sin embargo, sí que es importante saber que a los participantes de este estudio se les realizaron resonancias magnéticas (fMRI) para poder medir la actividad neural (véase la imagen 1 del pliego color).

Conclusión

Aunque falta investigar más, está claro que la eficacia del *coaching* puede ser aumentada en un grado muy alto a través del *coaching* hacia el atractor emocional positivo, PEA. Parece que sabemos demasiado poco todavía sobre cómo las interacciones psicofisiológicas (Boyatzis, 2008) contribuyen a la eficacia del *coaching* o la disminuyen, pero los resultados sugieren que la psicología positiva puede ayudar a preparar a la persona durante el *coaching* y puede permitir que el *coachee* sea capaz de abrirse y considerar posibilidades para el futuro, y para el cambio, donde antes no las veía.

Teniendo en cuenta la importancia del *coaching* en los diferentes contextos organizacionales, educacionales y de salud, las aportaciones de este estudio confirman que los PEA se asocian con la activación del SNP, con tener una visión más clara, con el cambio deseable y con la motivación. Mientras que con los NEA se activa el SNS que se asocia con evitación y falta de motivación.

El caso

La casa de huéspedes

Este ser humano es como una casa de huéspedes.
Cada mañana, una llegada nueva.

Una alegría, una depresión, una maldad,
un momento de conciencia viene como un visitante inesperado.

Dales la bienvenida y ¡entretenlos a todos!
Aun si son una multitud de penas,
quienes violentamente barren con tu casa
y arrasan hasta con los muebles, aun así,
trata cada visita honorablemente.

Te puede estar limpiando para un deleite nuevo.

El pensamiento obscuro, la vergüenza, la malicia,
recíbelas en la puerta sonriendo, e invítalas adentro.

Sé agradecido por cualquiera que llega,
porque cada uno ha sido enviado como una guía del mas allá.

Rumi

Estamos con mi grupo de estudio de *Neurocoaching* en el que los participantes son todos *coaches* profesionales. Para preservar la confidencialidad no se mencionan nombres, ni cuestiones que puedan identificar a las personas. Vamos a practicar en sesión la misma situación del *coachee*, primero con un enfoque NEA y posteriormente con un enfoque PEA. Al final se realiza una valoración entre todos para ver cómo ha ido.

El sujeto que hace de *coachee* es un hombre que se certificó en *coaching* y empezó a ejercer en la misma empresa donde trabajaba, en el departamento de Recursos Humanos (RRHH) haciendo de *coach* interno. Después de un año y medio de haberse prejubilado, se encuentra con mucho tiempo libre, y dice: «Me sigue encantado el *coaching*, pero no sé qué hacer. No sé si dar el salto hacia delante, quedarme donde estoy, si utilizar el *coaching* como herramienta en un montón de cosas que estoy haciendo a nivel voluntariado, por ejemplo; no lo tengo claro, pero tampoco me agobia».

Con este planteamiento, la *coach* empieza una breve sesión con enfoque NEA.

– ¿Tienes miedo ante esta situación de no saber qué hacer con el *coaching*?
– Pensaba que no, pero ahora que me lo acabas de preguntar me ha asaltado la duda, y puede que sí. Miedo a no tener nada que hacer, al vacío. No me lo había planteado hasta ahora.
– ¿Qué desafíos podrías encontrar ante esa situación de vacío?
– Bueno, «vacío», igual he exagerado porque sí que estoy haciendo muchas cosas, por ejemplo, en voluntariado. Pero es

que me ha gustado tanto el *coaching* desde que lo practico que me da pena dejarlo. El desafío sería realmente dar el salto hacia delante y decir: «bueno, quiero seguir ejerciendo y lo monto por mi cuenta y ¡voy a por ello!».

– Es que me cuesta un poco hacerlo con los NEA... –dice la *coach* dirigiéndose al grupo, y luego sigue con el *coache*–. Imagínate que te lanzas y que das ese salto porque dices que te gusta el *coaching*, ¿qué cosas podrían pasarte que no fueran satisfactorias?

– La única parte que me da ese miedo que te decía es la parte asociada al negocio del *coaching*, es decir, tener que buscar clientes. No sé si me da miedo o no me apetece, sencillamente. De hecho, sigo haciendo *coaching* en la empresa en la que estaba de manera voluntaria y participo en algunos programas en universidades, pero eso no me obliga a la parte logística.

– ¡Voy a pasar a la parte PEA porque si no mis neuronas espejo se están contagiando con las preguntas que te estoy haciendo! –dice la *coach* dirigiéndose al grupo. Luego sigue con el coachee—. Esta situación que tienes ahora, ¿realmente es una amenaza o es una oportunidad?

– Debería ser una oportunidad. De hecho, ya te digo que no me agobia. Es algo que veo allí al fondo, como una nebulosa y digo: «¿Me lanzo o no me lanzo?».

– Imagínate a ti mismo dentro de tres años y que hubieras puesto en marcha el *coaching*, ¿estarías ilusionado? O sea, si lo tiraras adelante aprovechando este tiempo que tienes.

(Pausa). Míralo desde el futuro, vamos a ponerlo a un plazo más corto, a un año, ¿te parece? –el *coachee* asiente–. Imagínate que estás muy emocionado, ¿qué es lo que estás viendo para estar tan emocionado?

– Lo primero es que me sigo sintiendo útil, lo segundo es que sigo profundizando en el *coaching* y me siento muy bien porque ayudo a mis *coachees*. Tal vez después de un tiempo, un cliente habla con otro cliente, o una empresa, y empieza a llegarme gente que no esperaba que fuera a tener y me siento satisfecho.

– ¿La emoción es de satisfacción hasta ahí? –el *coachee* asiente–. Vale, seguimos ahí, dentro de 1 año y ¿qué es lo que te ha dado la fuerza para llegar hasta ahí y sentirte satisfecho?

– Pues aparte de mi *coach* –risas–, tal vez el mirarlo ahí de frente, dejar de mirarlo allí en el horizonte como esa nebulosa que decía antes.

– ¿Cuál sería el lema personal que te pondrías para realmente ser capaz de alcanzarlo?

– ¡Atrévete!

– ¡Pues eso te digo, atrévete que te va a gustar mucho!

Aquí damos por acabada esa minisesión e indagamos con el *coachee*:

– ¿Cómo te has sentido en la primera parte con los NEA?

– Agazapado en mis dudas, diciendo: «¿por qué no actúo?», y sacando mis argumentos una y otra vez y poco más, pero sin estar predispuesto a la acción. Esta pregunta me la hago continuamente y la respuesta es que «no hay nada que me lo impida», pero sigo anclado sin actuar.

– Claro, es paralizante...

– Aunque la respuesta es «nada me lo impide», sigo sin hacer nada.

– ¿Y con los PEA?

– Me sentía empujado, como si tuviera una mano detrás que me empujara, con compasión, pero que me empujaba y me decía: «Oye, atrévete». La sensación ha sido mucho más positiva, más de acción. Atrévete, da mucha energía de acción.

– ¡Sí, atrévete ha sido un buen lema! ¿Algo más que quieras añadir?

– Bueno, no había pensado hacer de *coachee*, pero la verdad es que me ha servido muchísimo.

Preguntamos a la participante que ha hecho de *coach*.

– ¿Cómo ha sido para ti?

– Pues la verdad, la primera parte ha sido agobiante; enfocarlo así de esta manera, para el *coach* era la misma experiencia, nada se movía. Realmente es como un espejo por la emocionalidad, por cómo se transmite: yo se la transmitía en negativo, él la sentía en negativo, me la transmitía en negativo, y al revés. Cuando era en positivo, sentía exactamente lo mismo que el *coachee*. Bueno ha sido muy poquito rato, pero el efecto sí que es claro.

– Sí, sí, ha sido breve pero ha sido muy revelador. Además, escucha lo que ha dicho el *coachee* al final, «que le ha servido, que sentía como una mano detrás que le empujaba».

En la reflexión grupal, seguimos comentando cómo el *atrévete* da mucha energía de acción; si estamos en esa energía de acción, utilizar una pregunta NEA puede resultar contraproducente. Mucho mejor sería aprovechar esa energía para buscar compromisos para la acción.

8. Neurofelicidad: la guía práctica de la felicidad

Neurofelicidad: la felicidad también se entrena

«La felicidad depende de nosotros mismos», ya lo decía Aristóteles (384 a.C.-322 a.C.).

¿Quién no quiere ser feliz? Pregúntate: ¿estás viviendo la vida que quieres, o estás posponiendo la felicidad esperando a tener o hacer algo para conseguirla? ¿Cómo te sientes mientras estás leyendo estas líneas? ¿Eres feliz? ¿Sí, no...? ¿En qué grado del 1 al 10? ¿Sabes si estas programado para alcanzar la felicidad? ¿Depende de ti? ¿De los demás? ¿De las cosas que te suceden?

Querer ser feliz, la incansable búsqueda humana de la felicidad, es una de las aspiraciones universales. Afortunadamente, ¡la felicidad también se entrena! Es una actitud en la vida, una forma de pensamiento positivo, una elección que haces en cualquier momento y lugar, un viaje constante, y no un fin. No es necesario que te recluyas en un templo, o te vayas a la India para encontrar el equilibrio, la calma y la paz interior que anhelas. Quizás no te sientas feliz ahora, aunque seguro que conoces a alguien que sí es feliz...

¿Buscas sentirte más satisfecho con tu vida?: una pregunta que nos formulamos alguna vez en la vida. Son muchos los pensadores que han reflexionado sobre los secretos de la felicidad y de cómo encontrarla a través de pequeños logros (Platón). Tan deseada que cada 20 de marzo se celebra el **Día Internacional de la Felicidad** instaurado por Naciones Unidas.

Te enseñamos a través de la **guía práctica de la felicidad** unos pasos para que cambies aquello que necesitas con el fin de conectar con pensamientos positivos, creencias y hábitos posibilitadores.

¿Qué es la felicidad?

Según la **psicología positiva**, que se basa en el estudio científico del bienestar y la felicidad, así como en las fortalezas y virtudes humanas, la felicidad comprende varios elementos: un componente **sensorial y emocional** que incluye emociones positivas y experiencias placenteras; un **componente cognitivo** que se refiere a cómo interpretamos nuestra vida y cuán satisfechos estamos con ella, y el **sentido de vida**, sentir que nuestra vida tiene un propósito y que vale la pena vivirla.

Uno de los psicólogos y padre de la psicología positiva, Martin Seligman, propuso «Tres vías hacia la felicidad» (1999):

1. La vida placentera
2. La vida comprometida
3. La vida significativa

El concepto de *Authentic Happiness* (felicidad auténtica) se refiere a **la vida placentera, que es una vida que maximiza las emociones positivas y minimiza el dolor y las emociones negativas, como parte de la felicidad.**

Es una **condición interna acompañada de sensaciones de satisfacción y alegría.** Un **sentimiento subjetivo** que genera bienestar, paz interior y estimula nuevas metas cuando **sentimos la vida lograda, la plenitud** como consecuencia de evolucionar (inteligencia, voluntad y afectividad).

La neurociencia ha demostrado que el lado izquierdo del lóbulo frontal –la corteza prefrontal– está más activo cuando nos sentimos felices, mientras que la corteza prefrontal derecha está más activa cuando estamos tristes o con estrés, ansiedad. O sea, que el lado izquierdo podríamos decir que es el optimista, mientras que el lado derecho es el pesimista.

La felicidad es relativa, subjetiva y distinta para cada uno de nosotros y depende con qué la comparemos. Puede parecer increíble, pero «¿cómo ser feliz?» es una de las informaciones más buscadas en Google, lo que pone de manifiesto desafortunadamente la gran crisis que vive la humanidad global.

La consecuencia es una sociedad que consume altas cantidades de Prozac (clorhidrato de fluoxetina) y otros antidepresivos para obtener artificialmente la química de la felicidad

–la serotonina– neurotransmisor en el cerebro, hormona en la sangre del cuerpo, que ayuda, entre otros, a regular el estado de ánimo, el sueño, el apetito, el aprendizaje (recuerdo) o el deseo sexual.

El Hipocampo

Área del cerebro humano responsable de la **felicidad y los buenos recuerdos**.

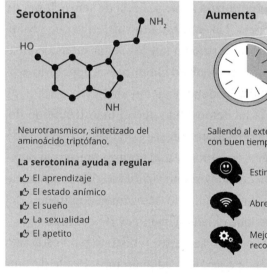

Figura 46. *El hipocampo.*

Fuente: Universidad de Illinois.

Cuando te sometes a situaciones que realmente no te hacen feliz, se reducen tus niveles de serotonina, por ejemplo al realizar tareas que van en contra de tus principios. Un trabajo que no te gusta, aguantar normas que no tienen lógica para ti, compromisos no deseados, apegos emocionales, presiones sociales, miedos, creer que no podrás pagar tus facturas... son motivos por los que algunas personas padecen **el efecto de la fatiga emocional (tienen más baja la energía y la motivación).** La libertad, en ocasiones, da miedo; la soledad o alejarte de ciertas cosas, personas o situaciones tóxicas; sin embargo, si lo haces, te liberas y te recargas de energía positiva. Piénsalo, la mayoría de las personas pasan gran parte de su tiempo de vigilia trabajando para obtener dinero y estatus. Cuando nos acostumbramos al dinero y no conseguimos la satisfacción esperada, tendemos a culparnos por no haber elegido bien.

Anticipar la felicidad como reclamo consumista es el gran impulsor de la economía, es una forma de intento de recompensa inmediata de la felicidad. Sin embargo, no suele traer felicidad, sino todo lo contrario: *el consumo te consume.* La verdadera felicidad la conseguirás a través del descanso, el deporte, conectar con la naturaleza, abrir la mente, amar y experimentar o conectar con el propósito de vida.

Una sociedad no debería valorarse solo en función de su rendimiento económico y el aumento de los salarios de una nación, sino de si conduce o no a la felicidad. Un claro ejemplo son las naciones más ricas, que cuentan con el mayor número de suicidios, individualismo y soledad.

¿Conduce o no el dinero a la felicidad? Un objeto de deseo puede convertirse en símbolo de la felicidad, al creer que tenerlo será sinónimo de bienestar y alegría, cuando generalmente no van unidos: «Aquellos que venden su tiempo por dinero suelen ser muy infelices». ¿Sabes qué es el «fenómeno del hámster»? Es aquel en el que uno se siente atrapado en una rueda y le hace subestimar los éxitos.

La adaptación hedonista o rueda hedónica compara el comportamiento humano con el de un hámster corriendo en una rueda, en el mismo lugar, sin importar lo rápido que vaya. Este mecanismo psicológico hace que una vez saciado un deseo otra necesidad ocupe su lugar y así permanecemos tan insatisfechos como antes; le sucede incluso a las personas que ganan una gran suma de dinero en la lotería: tras varios meses vuelven a tener los mismos estándares de felicidad (o infelicidad) con los que vivían antes. Similar a quienes padecen el **mito de Sísifo**, condenados a subir una piedra por una empinada ladera que se escurre al llegar a la cima y obliga a empezar de nuevo.

Es necesario cuestionarse ¿por qué los países más ricos del mundo no son los más felices del mundo y sí lo son los más pobres? En realidad, es porque tienen otra filosofía de pensamiento y son culturas más colectivas en las que se ayudan unos a otros. Bután, por ejemplo, es el país número uno en promover el bienestar de sus habitantes y la filosofía de la felicidad según el *World Happiness Report*.

«La felicidad interior bruta es mucho más importante que el producto interior bruto.»

J.S. Wangchuck, rey de Bután

Tipos de felicidad

El secreto de la felicidad ya no es un misterio o un tabú... se puede presentar de diversas maneras a lo largo de la vida. Sabemos que los momentos de felicidad son fugaces (por eso recurrimos a los recuerdos, las fotos), las experiencias **serendipia** donde encontramos momentos de gozo que nos hacen sentir increíblemente bien y marcan nuestras vidas. Sin embargo, la **felicidad exprés, una recompensa inmediata, es artificial.** Por ejemplo: la compra de una casa, un coche o un helado en un centro comercial, con la que, en breve, te sentirás tal como estabas. **Debes identificar las situaciones de «felicidad puntual» (momentáneas) que tienes en tu vida y construir esa «felicidad estructural» (la constante en tu vida).**

¿Qué es la curva de la felicidad?

La neurociencia ha demostrado que la felicidad es un **estado de evolución constante,** una **curva de la felicidad en forma de U invertida** desde nuestro nacimiento, muy alta en nuestra juventud, que desciende a los 40-50 años si no trabajas en ti. Por ello es esencial tener en cuenta estas tres perspectivas que se convierten en un todo:

Mecanismos de la felicidad

1. **Perspectiva biológica**
2. **Perspectiva social**
3. **Perspectiva psicológica** (emociones positivas)

Perspectiva biológica

Mecanismos intrínsecos: endorfinas, opiáceos, química interna
Mecanismos extrínsecos: drogas, alcohol, chocolate, grasas, azúcar
 (placer inmediato superficial...)

Perspectiva social

Mecanismos intrínsecos: conducta, interacción (familia, trabajo, comunidad)
Mecanismos extrínsecos: desempleo, apoyo social, ganar la lotería...

Perspectiva psicológica

Mecanismos intrínsecos: conducta hacia objetivos, habilidades, fortalezas
Mecanismos extrínsecos: procesos de comparación de nuestra felicidad (lo que uno tiene, quiere y siente respecto a los demás)

Características de las personas felices

Las personas felices son más positivas, al mismo tiempo que
se estimulan para conseguir nuevas metas. Reflexiona sobre
qué características practicas. El resto habrá que trabajarlas.

1. Pensamiento positivo: ganador
2. Alta autoestima (la sonrisa eleva el estado de ánimo y abre puertas)
3. Autocontrol
4. Optimismo, extroversión
5. Satisfacción
6. Creencia en uno mismo
7. Identificar lo positivo de cada situación incluso en situaciones difíciles (aprendizaje)
8. Valorar las cosas y los pequeños detalles
9. Saber perdonar y perdonarse
10. Amar de forma incondicional
11. No avergonzarse de las emociones
12. Descansar y desconectar
13. Mostrar gratitud: saber decir gracias naturalmente
14. Respetar y aceptar

Práctica sobre las características de las personas felices

1. Identifica tres que cumplas y escríbelas a continuación.

    1.
    2.
    3.

2. Reflexiona sobre tres que puedas mejorar y enuméralas a continuación.

    1.
    2.
    3.

Neurociencia y felicidad: las 15 claves para la felicidad según la ciencia

1. Actitud y pensamiento positivo
2. Agradece
3. Aprecia lo que tienes
4. Relaciónate con personas positivas y agradables que inspiren y recarguen
5. Elige ser feliz como actitud, fuera quejas y victimismos
6. Vive en el presente
7. Sé consciente de tus actos
8. Ayuda a los demás
9. Regala tu mejor sonrisa
10. Practica la generosidad: ser feliz es aprender a dar, sin esperar nada a cambio
11. Aprende, ten crecimiento personal, abre tu mente
12. Actúa con humildad, honestidad, confianza y entusiasmo
13. Convierte tus objetivos en hábitos diarios
14. Despréndete de todo aquello que no necesitas (materiales, hábitos perjudiciales...)
15. Toma descansos diarios, te lo mereces

> «Cuando una puerta de la felicidad se cierra, otra se abre, pero a menudo miramos tanto tiempo la puerta cerrada que no vemos la que ha sido abierta delante de nosotros.»
>
> Helen Keller

La felicidad no llega por azar y sin esfuerzo, tampoco se puede comprar con dinero. No depende de los acontecimientos que nos sucedan en la vida, sino de cómo los interpretamos.

La felicidad llega cuando estamos a gusto con nosotros mismos, cuando nos aceptamos a nosotros mismos y sentimos calma. La felicidad es también aprender a aceptar la tristeza y las situaciones que no podemos cambiar.

Ciertos logros de la vida nos harán felices, mientras que algunos fracasos nos pueden hacer muy infelices según las expectativas que tengamos.

Si vives en **una montaña rusa emocional, no pararás de cuestionarte tu vida. Gran parte de la infelicidad que sentimos está provocada por nosotros mismos, por tanto, se puede evitar. Ejemplo: la ruptura de nuestro matrimonio, noviazgo, pérdida de trabajo...**

Existen grandes mitos sobre la felicidad: ser una persona de éxito, tener dinero, una casa, un matrimonio, un hijo, una mascota. Si no tenemos pareja nos enfrentamos al mito del soltero triste o al «solo seré feliz» cuando la tenga. **Recuerda que lo que puede hacer feliz a una persona no tiene por qué serlo para ti, la felicidad es distinta para todos.**

¿Sabes cuál es la causa de la infelicidad?

¿Sabes qué es la querofobia? Es el miedo irracional a ser feliz. **La infelicidad tiene una causa principal: las falsas creencias de tu mente.** El sentimiento de insatisfacción personal se siente cuando:

1. **Hay personas infelices a tu alrededor que se convierten en tóxicas.** La desdicha es un mal que se contagia directamente entre las personas que se hallan cerca.

2. **Ser infeliz a nivel personal** y notar que la infelicidad se ha apoderado de ti. Te convences a ti mismo de que la vida será mejor después... y que serás feliz cuando salgas de esa etapa. Sin embargo, «la vida es lo que pasa mientras estamos ocupados haciendo otros planes» (John Lennon). Razón por la cual es habitual ver que las personas que viven ancladas en el pasado suelen padecer depresión, mientras que las que viven en el futuro padecen ansiedad, según la incertidumbre que viven, y son muy pocas las que aprenden a vivir en el presente. ¡Esta es la primera clave en el cambio de las pequeñas cosas para ser feliz! Recuerda que lo más importante es trabajar con los pequeños cambios, «los micropasos de la felicidad», como por ejemplo aprender a decir que no, o permitirte más tiempo para ti como hábito.

Práctica sobre los micropasos de la felicidad

1. ¿Qué tres micropasos, por pequeños que sean, vas a llevar a cabo para ser más feliz? Escríbelos a continuación.

    1.
    2.
    3.

El tiempo libre y la felicidad: *smartphones*, redes sociales y Facebook

En la actualidad, el tiempo libre no se emplea para aumentar la felicidad, aunque tengamos el control sobre cómo utilizar nuestro tiempo de ocio. Un reciente estudio publicado en la revista de la American Psychological Association demuestra **una disminución drástica de la felicidad en adolescentes y adultos desde el año 2012,** año en que comienzan los *smartphones* y el *boom* **de las redes sociales** (Jean Marie Twenge).

Los adolescentes que pasan más tiempo viendo a sus amigos en persona, haciendo deporte, leyendo o haciendo deberes son más felices, mientras que los que pasan más tiempo navegando por internet, jugando con el ordenador y en las redes sociales, mandando mensajes, viendo vídeos o la televisión son menos felices. Es decir: **cualquier actividad que no implique una pantalla genera mayor felicidad.**

En otro estudio sobre **Facebook,** con 1.095 participantes, estos reconocieron **sentirse más felices, menos solos y deprimidos cuando no lo utilizan:** evidencia de que afecta negativamente a nuestro bienestar (Happiness Research Institute Dinamarca, 2015). Los investigadores encontraron que los **participantes,** tras una semana sin utilizar Facebook, **eran más felices** y estaban un 55% **menos estresados.** Al analizar los datos relacionados, los participantes mencionaban que **la comparación con otros individuos les provocaba infelicidad. El síndrome FOMO** (del inglés «Fear Of Missing Out», la patología psicológica que se produce por el miedo a quedarse fuera del mundo tecnológico), **la Nomofobia** (del inglés *«No-mobile-phone phobia»*, el miedo irracional a salir de casa sin el móvil) o el **Tecnoestrés** (producido por el uso de las tecnologías) son algunos ejemplos. Los psicólogos en los últimos años han ido reconociendo distintas patologías asociadas a las nuevas tecnologías: **trastornos que provocan la infelicidad.** Hasta el hecho de que los adultos están empezando a tener menos relaciones sexuales que antes. **Desconectarse de Facebook y otras redes sociales mejora la concentración y la productividad.**

Creencias de la infelicidad

> «Todo el mundo asume que todos los demás se sienten realmente increíbles, pero en general no es cierto.»
>
> Laurie Santos,
> profesora de psicología, Yale University

Existen **creencias** sobre cómo afrontar situaciones que nos producen infelicidad y fatiga emocional ante situaciones de **inestabilidad, descontrol e indefensión aprendida:** sentir que hagamos lo que hagamos no podemos cambiar la situación. Seguro que te reconoces en las siguientes frases que esconden una creencia detrás, como:

«La presión social de mostrarnos personas felices genera el efecto contrario» (Adam Smith). Las normas sociales son capaces de crear necesidades, de manera que uno acaba avergonzándose de no tenerlas o hacerlas. ¿Te suenan estos verbos?: «Tengo que...» o «Debo...». Cambia esas palabras por «Quiero».

Seré feliz cuando lo consiga, cuando sea rico... Tras lograr el éxito económico... Muchas personas sufren una confusión inesperada que las lleva a la desilusión y la depresión. Los materialistas se sienten menos satisfechos y agradecidos con sus vidas.

Seré feliz cuando... me case (y no seré feliz si... fracaso), tenga un hijo (después de que sea adolescente seré feliz...), adopte un perro, me opere... (me veré mejor, seré más aceptado...más feliz).

Tener un trabajo fijo, un ascenso o la jubilación me dará la felicidad.

Tener muchas cosas me proporcionará más placer.

Si deseas ser feliz, el primer paso es que intentes detectar tus falsas creencias y romper esas expectativas. ¡Eres responsable de tu felicidad, no de la de los demás, aunque puedas contribuir a ella! Así que vamos a trabajarlas...

Ejercicio 1. Acéptate a ti mismo tal como eres. Dedica tiempo a identificar cada una de las cosas a las que te aferras: por una parte, lo material te proporciona entusiasmo y placer y, por otra, preocupación, inseguridad, tensión, ansiedad, miedo e infelicidad... Evita frases como: **Hay otros como yo, no es mi culpa** (siempre **existe una corresponsabilidad**). **Aprende a decir NO y a valorar tu tiempo.** Usa palabras que apoyen tu potencial y libertad de elección, reconoce tus fortalezas y debilidades. Crea un ambiente positivo de trabajo, ama como si nunca te hubieran herido, y, por ejemplo, haz actividades que te recarguen de energía, como deporte, correr, bailar, cantar como si nadie te estuviera mirando.

Ejercicio 2. Descubre tus falsas creencias: para tomar decisiones adecuadas **debemos desmantelar las falsas creencias sobre la felicidad** que rigen nuestro comportamiento (por ejemplo: estar en un trabajo que no te gusta «solo» porque te da seguridad económica). Hasta las personas acomodadas se sienten económicamente inseguras. ¿Cómo se lidia con este dilema acerca de la relación entre dinero y felicidad? **Pon las preocupaciones y problemas** por escrito, te **ayudará a adoptar una perspectiva coherente.**

Práctica:

¿Tengo alguna creencia que me estorba?

En lo profesional

Sobre mi persona

Respecto a mis amigos, familia, pareja, compañeros de trabajo

En relación con el dinero

¿Qué idea-creencia negativa puedo cambiar a positiva? ¿Puedo cambiar esa creencia en una idea de negocio?

Una creencia negativa muy interiorizada, ¿podría ir haciéndola más leve? ¿Cuál sería?

Píldora de la felicidad

La gente sana es un 20% más feliz que la media.

Hacer ejercicio genera proteínas y endorfinas que hacen que el cerebro se sienta más feliz.

Caminar 20 minutos genera mayor actividad cerebral que estar sentado.

Tener un hijo reduce la felicidad en un 0,24% de media.

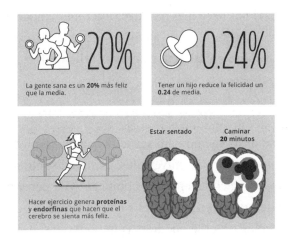

La gente sana es un **20%** más feliz que la media.

Tener un hijo reduce la felicidad un **0.24** de media.

Hacer ejercicio genera **proteínas** y **endorfinas** que hacen que el cerebro se sienta más feliz.

Estar sentado

Caminar **20 minutos**

Figura 47.

Fuente: Universidad de Illinois.

Felicidad de la mano del otro

La vida está llena de retos. Cada persona es responsable de su felicidad de manera personal, y parcial de la de los otros, porque la capacidad de ser feliz es individual. Sin embargo, en numerosas ocasiones, si no se ha trabajado con las creencias, se responsabiliza o culpabiliza a los otros de nuestra infelicidad. El secreto de la felicidad está... «dentro de ti», no tienes que buscar la felicidad en los demás, o en esperar que suceda algo extraordinario, es sencillamente entender que uno mismo debe aprender a gestionarla.

Las experiencias son más placenteras compartidas, despiertan emociones más intensas, y se pueden revivir y re-

cordar; esto nos hace más proclives a ser más empáticos –ponernos en el lugar del otro– a unirnos y preocuparnos por los demás. **La solidaridad genera mayor felicidad.**

Entonces, ¿cómo conseguir la felicidad?

No hay mejor momento para ser feliz que ahora mismo. Para ser feliz, no hay recetas universales, es algo distinto para cada uno de nosotros, con elementos comunes. **Mis pensamientos son los que me hacen sentir feliz o desgraciado, no mis circunstancias.** Recuerda que lo más importante son tus pensamientos y emociones.

Si no es ahora, ¿cuándo? No se puede hablar de felicidad sin hablar del amor propio y del amor al otro. La esencia de la felicidad consiste en amar. Creer en ti mismo da resultados; cuanto más te conozcas, mejor: «el camino más difícil es el camino interior...». Como decía el oráculo de Delfos: «Conócete a ti mismo», es realmente el camino a la sabiduría y la felicidad. La mayor aventura que el ser humano puede vivir es el conocimiento de sí mismo.

¿Cómo hacer que nos pasen cosas buenas?

Sé capaz de cambiarte a ti mismo, entonces tu entorno cambiará. Cambio yo, cambia el otro, cambia la relación.

Si quieres evolucionar, puedes emplear las siguientes cuestiones como *coach* experto.

1. ¿Qué he aprendido hoy?
2. ¿Qué he desaprendido?
3. ¿Qué he construido o imaginado positivo?
4. Anota tres cosas interesantes y positivas que te hayan ocurrido.

Eres el responsable de transformar los sentimientos negativos en positivos. Recuerda que **la infelicidad se produce cuando nos comparamos con lo que tienen los demás**. Nadie es igual, el éxito de la felicidad está en no compararse. **Recomendaciones:** estar alerta en el presente, lo único que importa es el aquí y ahora. ¡Creer es crear! Tú eres el máximo responsable de ello. Eres responsable de cómo interpretas las cosas que te suceden; de cómo gestionas tus emociones.

¿Se puede aprender a ser feliz?

Si la felicidad vital viene determinada por ciertas características de la personalidad, de una elección, o de una actitud susceptible de ser modificada mediante el aprendizaje, resulta entonces razonable pensar que la felicidad se puede aprender, según Michael W. Fordyce.

«Si programas tus neuronas para que sean más receptivas a la felicidad, tarde o temprano terminarás sorteando la tristeza.»
Teresa Aubele
autora de *Train Your Brain to Get Happy*

La clave para aumentar el nivel de felicidad es tener experiencias positivas. En varios estudios, los pacientes enfermos de cáncer que recibían una educación para la felicidad se sentían mejor y con más recursos (Kowal, 1986). Lo mismo ocurría con los profesores de secundaria (Wade, 1993): encontraron resultados significativos, en aquellos que habían sido educados para alcanzar la felicidad gracias a un programa de formación, al existir rasgos comunes en la gente feliz que los demás podríamos aprender (Fordyce).

Los 14 rasgos de la felicidad de Michael W. Fordyce

Rasgo 1. Ser más activo y permanecer ocupado: realizar actividades agradables. Las tareas que implican esfuerzo físico generan más placer, y también tener experiencias nuevas más que rutinarias. Planificar un viaje o un plan cuando es gratificante produce incrementos en el estado de ánimo. **Tarea: haz una lista de actividades por semana.**

Rasgo 2. Dedicar más tiempo a la vida social, a organizaciones, amigos, vecinos, familia. **Tarea: incorpórate a asociaciones, organizar encuentros, ir a eventos.**

Rasgo 3. Ser productivo en un trabajo destacado: la gente más feliz es un 33% más productiva. **Tarea: busca actividades gratificantes.**

Rasgo 4. Organizarse mejor: realizar una buena planificación. La felicidad es proporcional al tiempo que pasamos haciendo actividades agradables. **Tarea: gestiona el tiempo con una planificación anticipada y eficiente.** ¡Asegúrate de que haces también actividades agradables!

Rasgo 5. Dejar de agobiarse: el estrés es el enemigo de la felicidad, que es inversamente proporcional al tiempo que empleamos en pensamientos negativos. **Tarea: la mayoría de las preocupaciones no se cumplen, escapan al control.** Dedica 5 minutos a pensar cuál puede ser el peor escenario, y luego ocupa tu mente en algo más constructivo e ilusionante.

Rasgo 6. Identificar expectativas y aspiraciones: nuestra felicidad depende de lo que anticipamos. La sobreestimación del éxito provoca una espiral física y mental negativa. **Tarea: ser feliz ahora. Haz lo que tengas que hacer para conseguir tus retos, pero aprende a desapegarte de los resultados.**

Rasgo 7. Desarrollar pensamientos positivos y optimistas. El optimismo es una interpretación de los acontecimientos de forma positiva. En la vida hay situaciones positivas y negativas (centrarse en las positivas). **«Profecía autocumplida»** (se cumplen). **Tareas: conviértete en observador de tu mente y observa tus patrones de pensamiento.**

Rasgo 8. Estar centrado en el presente: la gente feliz valora más sus días que la gente infeliz, sobre todo porque su atención no se fija en los pesares y lamentaciones o las incertidumbres. **Tarea: «saborea el momento presente» y aprovecha cada día.** Valora los placeres sencillos.

Rasgo 9. Trabajar en una personalidad sana: respétate, quiérete, conócete, acepta tus imperfecciones, evoluciona, ayúdate. **Tarea: dominio de uno mismo, control del propio destino, autoestima. Construye un relato positivo de tu biografía.**

Rasgo 10. Desarrollar una personalidad atractiva: ser extrovertido, sociable. **Tarea: sonríe más, inicia conversaciones, reconoce a los demás.**

Rasgo 11. Ser uno mismo: natural, auténtico, honesto. **Tarea: muéstrate auténtico, tal como eres, la gente te amará más.**

Rasgo 12. Eliminar los sentimientos negativos y los problemas: una gran parte de la población tiene problemas emocionales, todos tienen solución. **Tarea: sensibilízate para buscar soluciones. No dejes que un problema se enquiste.**

Rasgo 13. Las relaciones íntimas son la primera fuente de felicidad: relaciones «sanas» de familia, pareja y amistad. Los ancianos que viven en familia enferman menos. **Tarea: contrasta el efecto de las relaciones sanas versus las tóxicas.**

Rasgo 14. Apreciar la felicidad: ¿qué posición ocupa «la felicidad» en nuestra escala de valores? Reflexiona sobre la felicidad. La gente feliz la considera como «la mayor preocupación de su vida». ¿Y tú? **Tarea: elabora una lista de factores que te generan felicidad.**

Fuente: Michael W. Fordyce (1984).

Si quieres seguir ampliando información puedes utilizar el test Psychap Inventory:* una prueba de múltiples escalas para medir la felicidad y sus concomitantes, de Fordyce (1986). Escala Likert.

Baremo: Nada feliz (1)_____Muy feliz (5)

Un cuestionario de 180 preguntas, agrupadas en 9 dimensiones:

1. Bienestar psicológico
2. Uso del tiempo

---

* Más información sobre este test en: https://link.springer.com/article/10.1007/BF00302530

3. Vitalidad de la comunidad
4. Cultura
5. Salud
6. Educación
7. Diversidad medioambiental
8. Nivel de vida
9. Gobierno

Fuente: Test Psychap Inventory Fordyce.

El hombre más feliz del planeta
según la neurociencia

Dicen que antes de entrar en el mar, el río tiembla de miedo. Mira para atrás todo el camino recorrido, las cumbres, las montañas, el largo y sinuoso camino abierto a través de selvas y poblados, y ve frente a sí un océano tan grande, que entrar en él solo puede significar desaparecer para siempre. Pero no hay otra manera, el río no puede volver. Nadie puede volver. Volver atrás es imposible en la existencia. El río necesita aceptar su naturaleza y entrar en el océano. Solamente entrando en el océano se diluirá el miedo, porque solo entonces sabrá el río que no se trata de

desaparecer en el océano, sino en
convertirse en océano.

Khalil Gibran

Especialistas en neurociencia afectiva nombraron como el «hombre más feliz de la Tierra» a **Matthieu Ricard,** un biólogo molecular francés que dejó todo para ser budista y asesor personal del Dalái Lama. Tras un estudio sobre el cerebro realizado por la Universidad de Wisconsin (Estados Unidos) para detectar los niveles de estrés, enfado, placer y satisfacción observaron que su cerebro producía **más emociones positivas que los parámetros normales como consecuencia del aprendizaje, la meditación y la calma.** Los altos niveles de meditación ayudan a desarrollar una mayor empatía y conciencia. Ejercicios como «sentarse en un lugar tranquilo, cerrar los ojos y conjurar la memoria de uno de tus momentos más felices» pueden ser una forma de favorecer nuevas conexiones neuronales (Aubele). (Véase la imagen 2 del pliego de color.)

«Varios estudios han demostrado que la meditación aumenta la materia gris* en el precúneo, al igual que se modifica cuando aprendemos.»

Alexia de la Morena

* Más información sobre la materia gris en: https://www.ncbi.nlm.nih.gov/pmc/articles/PMC2447176/

En un estudio con pacientes con depresión...

Solo un
9%
de los pacientes
tratados con ejercicio

38%
de los pacientes tratados
con medicación

31%
tratados con ejercicio y
medicación

...mostraban tendencia a **recaer en la depresión** durante el estudio.

Figura 48: *Por ejemplo, de las personas en tratamiento contra la depresión que hacen deporte, tan solo el 9% recaen de nuevo, mientras que es un 38% en aquellos que solo utilizan medicación.*

Fuente: Universidad de Illinois.

Neurociencia y felicidad: resultados de aprendizaje y generación de bienestar

1. **La felicidad y el estado de bienestar** activan todo el cuerpo; los pensamientos y las emociones están asociados con las sensaciones corporales a través del mapa de las conexiones mente-cuerpo. Un estudio de neurociencia finlandés indujo diferentes emociones en 700 participantes, luego les invitaron a colorear en un mapa del cuerpo las partes en las que sentían las emociones, así como su intensidad. Descubre la actividad que cada una de las emociones genera. ¡Te sorprenderás! (Véanse las imágenes 3 y 4 del pliego color.)

La felicidad es la única emoción que activa todo el cuerpo, incluyendo las piernas, las personas felices se sienten listas para entrar en acción, seguida del amor.

2. **La solidaridad beneficia al cuerpo y genera felicidad, cambia nuestro código genético.** Un estudio reciente descubrió que las personas que se ayudan y experimentan mayores niveles de «solidaridad», benefician su cuerpo a nivel genético con más anticuerpos y genes antivirales, es decir, tienen más salud y felicidad.

3. **Practicar interacciones positivas a diario** es una forma de mantener una relación sana y feliz. Con la pareja: realizar actividades que agraden a ambos, que nutran y les hagan sentir realizados...; estar en estado de gratitud. Un gesto significativo (cocinar la cena juntos, un detalle, una mirada cómplice), vivir momentos juntos... practicar la celebración de los triunfos del otro, ya sean pequeños o grandes, o ayudarse el uno al otro a alcanzar sus ideales es conocido como el **efecto Michelangelo.** Generalmente se observa en las parejas que se aman. «Las personas que de verdad se aman son las más felices del mundo» (Teresa de Calcuta). Inclusive **cuando participan en una pelea** muestran un poco de humor, expresan afecto, o conceden la razón a un punto que ha expresado el otro (Gisbert Vercher).

4. **Actuar como una persona extrovertida, te ayudará.** Incluso si se es una persona introvertida, sentir más emociones positivas en situaciones cotidianas hace que la gente se sienta más feliz, según una reciente investigación con cientos de personas en Estados Unidos, Venezuela, Filipinas, China y Japón.

La felicidad tiene mucho que ver con cómo expresamos nuestras emociones y palabras que tocan el corazón de las personas y abren puertas, como: «Por favor», «Gracias» y «Perdón».

Práctica: Actúa 10 minutos de forma extrovertida (sonríe, habla, interacciona...). Luego escribe cómo se siente tu cuerpo y mente. ¿Qué emociones has sentido?

---

5. La felicidad *online* es contagiosa. Las emociones expresadas *online* (tanto positivas como negativas) son contagiosas. Un estudio de Facebook examinó el contenido emocional de 1.000 millones de mensajes durante 2 años, a través de un *software* para analizar contenidos de este tipo. Resultó que las emociones positivas se propagan con más fuerza; los mensajes positivos son los más contagiosos (Gisbert Vercher).* ¿Te has contagiado de alguna emoción recientemente? ¿De cuál?

6. El envejecimiento cambia lo que te hace feliz. Con la edad, las personas obtienen más placer de las experiencias cotidianas. En un estudio se preguntó a más de 200 personas entre 19 y 79 años sobre los momentos felices. En todos los grupos se encontró placer en todo tipo de experiencias, tanto ordinarias como extraordinarias. Sin embargo, las personas de

---

* Más información en el artículo publicado por Belén Gisbert Vercher, en https://lamenteesmaravillosa.com/autor/belen-gisbert-vercher/

más edad lograron extraer más placer de las experiencias relativamente comunes, como pasar tiempo con la familia, la mirada de un ser querido o un paseo por el parque, mientras que las más jóvenes se definen más por experiencias extraordinarias (Vercher, 2010).

7. ¿Por qué las personas materialistas son menos felices?
Un estudio de la Universidad de Warnick (UK) demostró que la felicidad de una adquisición material dura muy poco, hasta que el resto de personas son capaces de adquirir lo mismo. Las personas más materialistas **son menos felices porque sienten menor gratitud** y tienen **niveles más bajos de satisfacción en la vida.**

8. **El poder de las relaciones sociales.** Tener fuertes relaciones sociales en la infancia y la adolescencia se asocia con ser adultos más felices, mientras que las relaciones sociales constituidas más tarde producen un índice menor de satisfacción. Además, se ha demostrado que tener muchos logros académicos tampoco está relacionado con niveles superiores de felicidad, no necesariamente enseñan a ser feliz si no se trabaja en ello.

9. **El placer inesperado de momentos cotidianos.** Las experiencias cotidianas proporcionan alegría inesperada, según una investigación psicológica reciente. Un estudio sobre cómo tendemos a infravalorar la felicidad de los acontecimientos cotidianos demostró que, cuando las personas se reencuentran con

objetos sentimentales de su pasado, están más felices de lo que creían al escuchar o leer, por ejemplo...

– Una conversación reciente.

– Un extracto de un documento que habían escrito.

– Tres canciones favoritas.

10. **Viven más las personas que tienen una pasión.** El 80% de las personas no saben por qué se levantan cada mañana. La felicidad viene por los motivos que tienes para levantarte por la mañana. **¿Cuáles son los tuyos?**

Amor a un ideal

Amor a una persona

Amor a un recuerdo

Práctica: ¿Tienes los tres, o al menos alguno de los tres en tu vida? El amor a un recuerdo nos puede salvar. En un estudio sobre el recuerdo se vió que los participantes segregaban hormonas gratificantes y se incrementaban aún más que cuando vivían la propia experiencia. Viktor Frankl, neurólogo y psiquiatra que estuvo retenido varios años en los campos de concentración alemanes, descubrió que aquellas personas que tenían un sentido en su vida, y se levantaban pensando en ese recuerdo, vivían más. Las personas que no tenían ninguna de estas tres motivaciones morían más rápidamente que aquellas que tenían una ilusión, un recuerdo.

Cuando recuerdas momentos importantes de tu vida, algo que te gusta, te puede ayudar y salvar, además de generar química positiva y reforzante para la salud.

Teorías de la felicidad

Tal es la necesidad que tenemos todos de ser felices que desde los más remotos tiempos encontramos teorías de grandes filósofos como Platón, Sócrates, Aristóteles... Hasta el físico y genio Albert Einstein creó su teoría sobre la felicidad: «Una vida humilde y tranquila trae más felicidad que la persecución del éxito y la constante inquietud que implica». Entre las más conocidas, tres teorías de la felicidad.

Teoría del hedonismo: una vida feliz maximiza la sensación de placer y minimiza el dolor.

Teoría del deseo: No controlamos nuestra propia mente (Freud, 1889). El deseo no implicaba más que la dimensión de las apetencias humanas, se construye como tal mediante su deseo, no por el mero cúmulo de sus necesidades e instintos primarios, sino a través del deseo, que es en cierto modo el deseo del otro al que imita o debe reflejar, siendo el origen de toda infelicidad (Griffin, 1986).

Teoría de la lista de objetivos (Nussbaum y Sen, 1992): sostiene que la felicidad consiste en una vida que logre planes que valen la pena: logros profesionales, amistad, libertad, salud, comodidades materiales, espíritu cívico, belleza, educación, amor, conocimiento y buena conciencia.

Felicidad auténtica: la teoría actual

¿Sabes en qué consiste la **teoría *Authentic Happiness*** (Seligman, 2003)? ¿Sigues ya estos principios? Basada en lo mejor de las anteriores, la psicología positiva describe tres tipos distintos de felicidad:

1. La vida agradable (placeres)
2. La buena vida (compromiso)
3. La vida significativa (propósito)

Práctica: escribe en un papel qué te hace feliz y pregúntate:

¿Qué placeres mantienes para llevar una vida agradable? ¿Qué compromisos quieres para conseguir una buena vida? ¿Qué haces para sentir que tu vida sea significativa?

Nutrición para mejorar el estado de ánimo

¿Sabías que la comida que ingieres tiene una relación directa en tu estado de ánimo, tu salud, bienestar y calidad de vida? La nutrición es el primer paso para la felicidad... Eres lo que comes... ¿Cómo te sientes? ¿Cómo te has alimentado hoy?

Una dieta y una mente sana y equilibrada contribuyen positivamente a mejorar tu estado de ánimo, salud y humor; clave para elevar la energía diaria.

---

1. **Alimenta de forma equilibrada mente y cuerpo.** No abuses del azúcar, asegúrate de que tu cuerpo tenga lo necesario sin que pierda vitalidad.

2. **Come pescado azul 2/3 veces por semana** (sardinas, boquerones y anchoas).

3. **Toma alimentos ricos en triptófano (serotonina natural).** Regula el estado de ánimo, el sueño y proporciona sensaciones de relajación (fáciles de digerir, calma el sistema nervioso). Necesario para asegurar el crecimiento normal en los bebés, así como para mantener el equilibrio en los adultos. **A. Tiene un papel fundamental en la digestión:** en la sangre se comporta como una hormona y en el cerebro actúa como un neurotransmisor, favorece el tránsito de la información entre neuronas; hay más concentraciones en el estómago que en el cerebro. **B. Controla el nivel de temperatura corporal:** regulación térmica. Bajas concentraciones de serotonina (5-HT) en sangre; generan depresión. **C. Influye sobre el deseo sexual. D. Aumento de la motivación.**
Alimentos: queso, pollo y pavo, huevos, pescado y leche, cacahuete, soja (tofu), maíz, avena, trigo, arroz, alga espirulina; verduras, cebolla, tomate, espinacas, aguacate, jengibre, pimientos, chiles; frutas: manzanas, granadas, plátano, sandía, dátiles, naranjas, arándanos, piña (mejora la circulación), fresas, uvas; café, yerba mate (teobromina), cacao (flavonoides), germinados, frutos secos, nueces, semillas (chía, lino, calabaza, pipas de girasol, sésamo), omega 3, aceite de onagra, carne, legumbres (garbanzos), habas, guisantes...

4. **Dopamina:** se asocia con el sistema del placer, la recompensa y la motivación, así como con el humor, el sueño, la atención y el aprendizaje. Para que no se oxide y cumpla su función incluye en tus platos almendras, aguacate, hortalizas, verduras y frutas de color naranja.

5. **Melatonina:** hormona que regula el equilibro entre el sueño y la vigilia. Te ayudan a aumentar sus niveles las nueces, plátano, arroz, verduras crudas, granada, cerezas y jengibre.

La neurociencia demuestra el nexo entre la alimentación y el estado de ánimo. Hay combinaciones de hormonas que inciden en el grado de felicidad y bienestar; algunas están presentes en los alimentos y al comerlos uno puede sentirse mejor, dormir bien y hallar alivio para ciertos dolores.

Duerme

A la gente que duerme poco le cuesta más recordar ideas positivas y le es más fácil recordar ideas negativas.

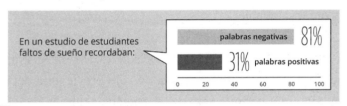

Figura 49. *Duerme.*

Fuente: Universidad de Illinois.

Práctica: observa tu estado emocional. Comer con ansiedad, tristeza, aburrimiento o enfado tendrá un efecto negativo en tu organismo. Solemos comer sin medida por estas causas y, a veces, por confundir la sensación de sed con la de hambre. Una deshidratación de agua provoca cefaleas, bajadas de tensión y desconcentración, con carencias de minerales u otros elementos esenciales, ya que su falta provoca fatiga y cansancio, desánimo, irritación, depresión...; es común en los obesos padecerla.

Alimentos antidepresivos

La depresión te avisa de que no puedes seguir así y tienes que cambiar cosas de tu vida.

- Evitar comparaciones innecesarias.
- Cuidar las redes familiares y sociales.
- Enfatizar lo bueno.
- Hacer ejercicio.
- Comer saludable.

Un estudio de la Universidad de Deakin (2018), en Australia, muestra que controlar la comida no solo previene la depresión, sino que permite tratarla. A pacientes que ya recibían tratamiento antidepresivo y psicoterapia, y se les ofreció tratamiento nutricional, mejoraron su estado de ánimo al mejorar su dieta.

La dieta mediterránea ayuda a combatir la depresión severa. Los expertos descubrieron que **un tercio de los que fueron sometidos a la dieta mediterránea registraron mejoras importantes en su humor y en los síntomas de la depresión,** de acuerdo con el estudio del centro de Alimentación y Humor de la Universidad Deakin.* **«El sistema inmunológico, la plasticidad cerebral y la microbiota intestinal parecen**

---

* https://www.deakin.edu.au/about-deakin/media-releases/articles/world-first-trial-shows-improving-diet-can-treat-major-depression

ser centrales no solamente para nuestra salud física sino también la mental» (Deakin, 2018).

Nutrición necesaria para proteger tu cerebro y cuerpo

Vitamina B6 (produce serotonina). **Alimentos:** granos integrales, aguacate, espinaca, repollo, salmón, atún, ajo y pistachos.

Prebióticos: bacterias beneficiosas que ingerimos con los alimentos y que ayudan a la digestión, el tránsito intestinal y el sistema inmunitario. **Alimentos:** avena, espárragos, cebolla, plátano.

DHA (hormona que protege las neuronas y promueve el nacimiento de nuevas células cerebrales) proveniente del omega-3 (ácido graso esencial para la mente). **Alimentos:** pescados grasos (salmón, atún y caballa), ostras, anchoas y mejillones.

Probióticos: bacterias vivas y levaduras que reponen las bacterias saludables. **Alimentos:** yogurt, aceitunas, queso crudo, verduras fermentadas como nabos, pepinos o zanahorias.

Fuente: Elaboración propia a partir
de Jonathan M. Gransee (2016).

Lo recomendable, además de que mejores tu nutrición, es mejorar el rendimiento de tu cerebro con aprendizajes nuevos, que te ayudarán a la hora de afrontar tu día a día. Estimula la circulación e incrementa el nivel de sangre en tu cerebro «más ágil, joven, nutrido, receptivo, flexible, feliz y con más alta autoestima». En los años 80, un estudio realizado en la Uni-

versidad de Massachussets puso de manifiesto que «un puña-
do de cerezas es mejor que cualquier otro alimento antidepresivo» (nutricionista Miguel Ángel Almodóvar, autor de *Mood
Food)*.

La felicidad en el trabajo

La felicidad en el trabajo, 9 claves para mejorarla

«La ciencia demuestra que el bienestar y la felicidad en el trabajo mejoran la *performance* de las personas. En la próxima década, las empresas implementaran planes para que sus equipos
sean más felices. Además, un líder que se preocupa por las personas consigue mayor compromiso (*engagement*) de sus colaboradores.»

Gemma Sala

¿Es posible ser feliz en el trabajo? El 70% de la población laboral no es feliz en su trabajo, lugar donde pasa el 50% de su
tiempo diario. ¿Es tu caso? Un gran porcentaje de la sociedad
se encuentra atrapada en la creencia de que **«tengo que trabajar y esto es lo que hay»**.

«El verdadero éxito es encontrar un trabajo en el que se compar-
tan algunos de los valores personales con la empresa porque, si
no, te sentirás vacío.»

Alexia de la Morena

Si es tu caso, te damos algunas claves para mejorar tu salud emocional en el trabajo; a continuación, se recogen las más relevantes. Somos puras emociones andantes, y estas influyen en tu forma de pensar y actuar, dirigen y secuestran tu atención, guían tu flujo de pensamientos en la solución de problemas y te preparan para la acción. Lo importante es ser coherente entre lo que uno piensa, siente y hace.

1. Da los buenos días cuando llegues a la oficina.
2. Despídete al salir de la oficina.
3. Come el almuerzo con tus colegas, personas nuevas y de otros departamentos.
4. Di al menos tres cumplidos al día.
5. Sonríe a los colegas. La sonrisa es muy poderosa.
6. Habla e interactúa con tus compañeros.
7. Haz descansos regulares.
8. Muéstrales a las personas toda tu atención cuando hables con ellas.
9. Aprende siempre algo nuevo en el trabajo.

El manejo emocional es fundamental en el trabajo y en la cooperación de los equipos. Nos permite entender y sintonizar con las emociones de otras personas y contribuir a regular emociones, a través de la **empatía, la escucha activa y una comunicación eficaz.**

Ejemplo: una simple caricia, tocar el brazo o apretar el hombro activa las regiones cerebrales de la gratificación y reduce el estrés y el dolor. Regala anclajes (refuerzos positivos) a tu equipo, familia, pareja, amigos... serás consciente de cómo mejora el estado de ánimo y la cooperación entre las personas.

Un empleado feliz es más productivo, responsable y comprometido con la empresa y el equipo, tiene mayor motivación, creatividad y las ideas más claras, visualiza objetivos, tiene mayor resistencia corporal y mental y respira más profundo, lo que disminuye el cortisol –hormona del estrés–, según desvela la neurociencia.

El cuerpo humano produce serotonina, endorfinas, dopamina y oxitocina de forma natural para nuestra supervivencia. Enamorarse, hacer el amor, realizar una actividad placentera, alimentarse bien, conseguir un reto profesional o hacer ejercicio son actividades que favorecen la producción natural de estos químicos. Cuando suben los niveles tienes una mejor autoimagen y confianza en ti mismo, mejoras en la toma de decisiones, seguridad, actitud positiva, interacción y eres más flexible en la aceptación de los cambios.

Neuroquímica cerebral cuando estás feliz en el trabajo: todos estos químicos (serotonina, endorfinas, dopamina y oxitocina) mejoran el estado de ánimo y el sistema inmune. Realiza actividades que inunden tu cerebro de dopamina y serotonina, entre otros, «químicos de la felicidad y el placer».

Endorfinas (activación, energía, alegría, sentirse bien).

Adrenalina (aumenta el suministro de energía) y el **cortisol**. Son hormonas del estrés que se segregan en respuesta a una amenaza percibida en el ambiente que activa las glándulas suprarrenales (riñones).

Serotonina (felicidad, estado de ánimo positivo).

Dopamina (motivación, recompensa).

Oxitocina (amor, confianza, solidaridad) reduce el estrés.

El método innovador de *coaching*: *Happiness Attraction*

Perfeccionamiento personal y felicidad sostenible

Hay quienes buscan la felicidad y hay quienes la crean... ¿en qué lado quieres estar tú?

Es bastante habitual encontrarse en una sesión con casos de personas que se sienten en un momento de sus vidas perdidas, bien sea profesional o personalmente. **La metodología** *Happiness Attraction* **basada en el aprendizaje de la felicidad sostenible es un método innovador** basado en una **serie de pautas y un plan de acción que facilitan al** *coach* **unas herramientas y técnicas de trabajo** para ayudar a que el *coachee* consiga sus propósitos (personales y profesionales) en coherencia con el sentido de su vida, sus valores y su felicidad sostenible en el tiempo. Una metodología que también puedes autoaplicarte si estás haciendo un proceso de *autocoaching* y autoconocimiento.

El método *Happiness Attraction*

Este método está pensado para que puedas descubrir las mejores técnicas de *coaching* de los grandes líderes y las puedas aplicar a tu vida personal y profesional. Se trata de técnicas innovadoras con una metodología para saber dónde estás, qué quieres y dónde quieres llegar. Se explora el estado actual del *coachee*, se analizan las necesidades y preferencias en la vida, se ayuda a desarrollar e implantar cambios para conseguir liderar la vida y ser más feliz.

Para ello es decisivo saber por dónde comenzar. Lo más importante es estar abierto a evolucionar para transformar las áreas de mejora y tener un impacto positivo en el entorno inmediato. ¡La felicidad es una elección y un derecho de nacimiento de cada persona! Saber qué te hace feliz y cómo mantenerte feliz es una elección. ¿Te animas?

Bienvenido a *Happiness Attraction Coaching*

La investigación y aplicación práctica de los conocimientos y dinámicas que se proponen provienen de la *ciencia de la felicidad, la psicología positiva* y *la neurociencia*. Estas disciplinas investigan lo que nos hace felices y cuáles son las cosas que realmente tienen un impacto positivo en nuestra felicidad, en el liderazgo y en el desarrollo de competencias directivas, entre otros temas.

Experimentar la felicidad genera cambios positivos en ti y en el equipo

+ Felicidad
+ Rendimiento y productividad
+ Corresponsabilidad, compromiso
+ Creatividad e innovación
– Absentismo
– Reducción del nivel de estrés

En este contexto es esencial definir y poner en práctica **el propósito y los valores** personales en coherencia con los de la empresa, aplicables al desarrollo en las situaciones prácticas diarias, sea cual sea la situación de vida de cada persona y su vínculo con el equipo. ¡Este entrenamiento te ayudará a tomar decisiones que aseguran un mayor bienestar y satisfacción vital!

Nuestro método de *Coaching Happiness Attraction*

¿Qué es?

Una metodología eminentemente práctica basada en la formación «aprendizaje-acción» (*Learning by doing*) a través de la aplicabilidad de los conocimientos. Nuestro entrenamiento se basa en la psicología positiva y la neurociencia que proporcionan un conocimiento basado en la evidencia sobre cómo aumentar el bienestar y la felicidad.

Entrenamiento: ¿cómo funciona?

Es un vínculo de trabajo en el que *coach* y *coachee* crean un proceso juntos, para maximizar el potencial del cliente en una o más áreas de su vida, con el fin de vivir una vida más satisfactoria.

La metodología *Happiness Attraction* se inicia con una fase de 4 sesiones (de una duración de 1,5 horas cada sesión). Posteriormente, se evalúan los avances y se decide de forma conjunta la continuidad.

Roadmap de la felicidad (Itinerario de la felicidad)

Es esencial entender cómo mejorar nuestra felicidad y satisfacción de vida. Para ello es necesario **crear una hoja de ruta con una planificación del desarrollo** en la que se trabajan estas 5 fases. También puede ser aplicado a la empresa y a los objetivos de negocio.

1ª fase: momentos de felicidad en el día. Identificar los 3 momentos positivos memorables

2ª fase: momentos de felicidad semanal. Identificar los 3 momentos positivos más memorables

3ª fase: momentos de felicidad en el mes. Identificar los momentos positivos más memorables

4ª fase: momentos de felicidad durante el año. Identificar los momentos positivos memorables

5ª fase: un ejercicio sumatorio con el que diseñar una cronología *Timeline* de los momentos vitales más importantes de nuestra vida.

Como consultoras expertas en psicología y *coaching* sabemos que es necesario también tener en cuenta la cultura corporativa y la felicidad en el trabajo, con soluciones para gestionar el desarrollo o la transformación cultural de las organizaciones.

La **metodología** *Happiness Attraction* como un modelo innovador que tiene una gran aceptación en el ámbito del *coaching*, personal y empresarial, para la transformación de líderes felices, la excelencia y el alto rendimiento al obtener una mayor satisfacción de vida; cuenta con cuatro fases de desarrollo donde la empatía y la inteligencia emocional juegan un papel fundamental durante todo el proceso.

Las cuatro fases del método *Happiness Attraction* se basan en el trabajo de estas claves:

Fase I: momento presente (toma de realidad). La rueda de la vida.

Fase II: ruptura de creencias e identificación de autoengaños. Técnica del desarme (identificación de ideas preconcebidas) y reaprendizaje de pensamientos y hábitos.

Fase III: línea del tiempo de los objetivos de la felicidad personal.

Fase IV: plan de acción – propósito de vida. Generador de sueños personales. Mapa de la vida. Práctica de la felicidad: resiliencia positiva, constancia, empatía.

La implantación de las cuatro fases
de la metodología *Happiness Attraction*
durante un proceso de *coaching*

Fase I: momento presente (toma de realidad) y dinámica con la rueda de la vida.

La persona que se compromete en un proceso de *coaching* –el *coachee*–, normalmente acude a una sesión en un determinado momento de su vida como consecuencia de no sentir que disfruta de una vida plena. Para ello es necesario trabajar con esas situaciones y sinsabores que le han llevado a este proceso porque empieza a percibir que es necesario hacer algunos cambios. Mediante el acompañamiento de un *coach* certificado, que utiliza el método socrático de las preguntas, el cliente comienza a identificar con mayor conciencia aquellas situaciones que vive de manera limitante.

El punto de partida tras una entrevista y conocer las necesidades del *coachee* será trabajar con la dinámica de la rueda de la vida con el fin de conocer el nivel de satisfacción en las diferentes áreas de la persona.

Rueda de la vida

«La felicidad no se persigue, debe ser el punto de partida para nuestras vidas.»

Corbis

La rueda de la vida es una práctica que nos ofrece toda una visión de posibilidades y alternativas para conocer cómo estamos en el momento presente de nuestra vida. Es una herramienta fundamental para el *coach* y el *autocoaching* para identificar el espejo de nuestra existencia en las ocho dimensiones básicas del bienestar como parte del aprendizaje y de la evolución.

Ejercicio de autoanálisis

Del 1 al 10 (menos a más satisfacción), ¿cómo estás de satisfecho en la actualidad en cada una de las facetas de tu vida? ¿Cuáles son las tres más críticas en estos momentos?

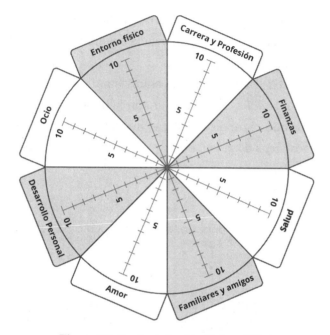

Figura 50. *Rueda de la vida (Robert Dilts).*

Una vez puntuadas las diferentes áreas, se volverá a realizar una entrevista en profundidad para conocer los *insights* del cliente y comenzar a trabajar en las facetas con puntuaciones por debajo de 7; estas son las que requieren de mayor atención. Se puede hacer un plan de acción con los resultados, estableciendo a priori qué puede hacer la persona para subir la puntuación de alguna área específica.

Fase II: cambio de creencias e identificación de autoengaños.
Durante esta fase, el *coach* trabajará con las creencias y auto-

engaños identificados junto con el *coachee* con el fin de poder eliminarlos o transformarlos de forma práctica.

Por ejemplo, ¿te has dicho alguna vez... «no valgo para nada» / «no puedo»... o «yo no soy lo suficientemente bueno...», «no me lo merezco»? Estas son algunas de las más habituales. Antes de cualquier acción hay un pensamiento que se sustenta sobre tus creencias, por lo que para cambiar determinadas acciones y comportamientos es necesario superar esas creencias y barreras.

Las creencias limitantes son pensamientos construidos a partir de la educación recibida o de la propia experiencia. Este sistema de creencias hace que interpretes la realidad de una manera que interfiere en tu desarrollo potencial, e impide que alcances lo que deseas. Mientras que el autoengaño es el acto de mentirse a uno mismo, algo que desafortunadamente todos los seres humanos tenemos como mecanismo de autoprotección.

Para ello es necesario que el *coach* trabaje con varias dinámicas de:

Desarrollo de creencias en la infancia: las más profundas se consolidan en el período de aprendizaje, en el entorno familiar, sociocultural, en la escuela con los amigos.

Creencias y autoestima: creencias limitantes generalmente aprendidas durante la infancia que **condicionan nuestras decisiones** y nos hacen tener falta de confianza y autoestima.

Creencias adquiridas en la etapa adulta: si no se pone consciencia en ello, vamos adoptando creencias durante toda la vida. Un ejemplo es creer que al ir haciéndose mayores se tienen menos oportunidades de reinventarse profesionalmente.

Entre las creencias más habituales se encuentran las que tienen que ver con el miedo a hablar en público, a ser rechazado, a esforzarse sin que valga la pena, etcétera. Generalmente, estas creencias no responden a verdades o hechos, sino a pensamientos asociados a ideas o sentimientos de una creencia (irreal) construida.

Fase III: línea del tiempo de los objetivos de la felicidad personal

Durante esta fase, el *coach* va a trabajar con distintas dinámicas, como la línea del tiempo de los momentos más felices del cliente dibujados y explicados cronológicamente por él mismo.

El objetivo del ejercicio práctico es:

1. Incrementar la conciencia de los momentos vitales y trabajar en la formación de actitudes, creencias, valores y percepciones reales.

2. Identificar el crecimiento personal y los actos vitales significativos de la vida y otros que «aparentemente» no están codificados como tales.

3. El facilitador guía un proceso para que el *coachee* analice cómo se puede aplicar lo aprendido en su vida.

Fase IV: plan de acción: sentido de la vida. Generador de sueños personales: mapa de la vida. Práctica de la felicidad: resiliencia positiva, constancia, empatía.
Durante esta fase, el *coach* tendrá que emplear estrategias y dinámicas en cuanto a dirigir la atención del *coachee* hacia otro factor vital que le ha llevado a una sesión como «Encontrar el sentido de la vida».

Dinámica sentido de la vida y propósito vital

Objetivo: estimular la reflexión y visualización sobre la búsqueda del propósito de vida. Instrucciones:

1. Cierra los ojos mientras prestas atención a tu respiración.

2. Inspira y espira el aire 3 veces de forma profunda mientras cuentas hasta 10.

3. Recuerda un momento que te guste y te haga sentir bien.

4. Recuerda lo que quieres, lo que deseas y te hace sentir bien.

5. Pregúntate: ¿qué podrías hacer diferente para conseguirlo?

6. Imagina ahora una sola escena en tu mente de lo que quieres.

7. Ahora visualiza la escena y recórrela.

8. Pregúntate: ¿esta alternativa me hace sentir bien?

9. Ahora el *coach* explicará que el cerebro puede crear más alternativas y seguir el mismo procedimiento, mientras poco a poco se le pide al *coachee* que abra lentamente los ojos.

10. Después solicita al *coachee* que comparta sus experiencias.

Tras la finalización de esta tarea se pide al *coachee* que haga un guión de su vida actual y hacia el futuro. Lo puede redactar de manera que describa la vida que quiere crear y qué debe seguir trabajando para que sea coherente con sus valores y sus sueños y ambiciones.

Relación de compromiso *coach-coachee*

La persona se compromete con voluntad a ser capaz de llevar a la práctica lo que decide, elige el objetivo con el acuerdo y ayuda de su *coach* experto. Durante el acompañamiento del *coach*, el objetivo será el progreso del cambio de creencias, el desarrollo de la inteligencia emocional, la reconducción hacia nuevos hábitos de la persona, el trabajo del fortalecimiento de la voluntad hacia objetivos, supervisado durante este tiempo de seguimiento (recomendable 3-6 meses).

Como *coach* puedes usar diversas **herramientas en inteligencia emocional y habilidades sociales, como la escucha activa, preguntas poderosas, *rapport* y los silencios** para trabajar con los objetivos en cada una de las fases. También puedes usar test de competencias, como el DISC o el MBTI, que aportan mucho autoconocimiento.

1. En las tres primeras fases, sobre todo, puedes emplear la técnica de la **catarsis emocional: a través de diversas preguntas, el** *coachee* **va identificando emociones y siendo consciente de situaciones.** Proporciona una conexión entre facilitador y *coachee* a fin de aproximarse a los objetivos para el cambio. **Apoyo:** el *coach* expresa acompañamiento, confianza y respeto en el proceso en el que el *coachee* irá trabajando y percibiendo posibles cambios del trabajo conjunto a través de esta metodología.

   Así mismo, con un compromiso de trabajo por ambas partes, en el que el *coachee* informará si decide abandonar el proceso, podrá hacerlo cuando quiera. En el acuerdo se explicitará que se pueda expresar por ambas partes, en todo momento del proceso, si se sienten frustrados con el mismo, o se produce alguna fricción.

2. **La técnica del desarme:** el *coach* pide más información acerca de lo que dice el cliente, explora una parte de verdad en lo que afirma el cliente, incluso si esas afirmaciones parecen ilógicas y poco razonables. También se puede trabajar con **la psicología de intención paradójica,** un método potente para cambiar la conducta. Por ejemplo: el *coach* puede hacer afirmaciones como «si llevas 30 años sin cambiar, ¿para qué lo vas a hacer ahora?», con el fin de que comience a hacerlo (retar de esta manera solo es recomendable hacerlo una vez se genere una conexión real y un buen nivel de confianza entre *coach* y *coachee*).

3. **Empatía de pensamientos y emociones:** el *coach* se muestra comprensivo con lo que dice el *coachee* parafraseando sus palabras (empatía de pensamiento). También se muestra comprensivo en cómo el *coachee* se siente, mostrándose como se expresa (empatía de sentimientos).

4. **Exploración y afirmaciones:** el facilitador explora y afirma desde lo corporal y verbal reacciones y emociones, bloqueos, preocupaciones y objetivos. Empatiza a través de la humildad, apertura, profundidad, habilidad de inteligencia emocional. El *coach* se expresa desde un nivel de lenguaje apropiado y profesional con una actitud noble y positiva.

Realiza actividades que inunden tu cerebro y el de tu *coachee* de dopamina y serotonina, entre otros químicos de la felicidad.

Consejos para la felicidad que se pueden explorar con el *coachee*

Dedica más tiempo a conectar socialmente, aunque sea con un desconocido.

1. Haz cosas amables por los demás, aunque sean cosas pequeñas como hacer un café a alguien, esto mejorará tu felicidad.

2. Piensa por lo que estás agradecido.

3. Duerme lo suficiente.

4. Permanece en el momento: cuando nuestra mente divaga, somos menos felices.

5. Medita: las personas que meditan tienden a ser más felices.

6. Deja de criticarte a ti mismo: te hace sentir peor y lograrás menos cosas.

7. No sigas persiguiendo más dinero: después de alcanzar los $ 75.000 (67.000 €), los estudios muestran que ganar más no te hará más feliz.

Es muy importante no forzar las cosas. Es decir, a veces pueden aparecer emociones negativas, como la tristeza, el enfado, la rabia o la frustración, y debemos legitimarlas ya que, para quien las vive, son así. Pero siempre con el propósito de trabajar para sentirnos mejor, desarrollando resiliencia y que las experiencias dolorosas nos ayuden a aprender y crecer. Puede que haya personas que piensen que debemos ser entusiastas, sentirnos ilusionados y sonreír todo el tiempo, pero esto no parece realista, en la vida a todos nos pasan cosas, y a veces hemos de sufrir duelos, pérdidas, fracasos, enfermedades, etcétera. Si alcanzar la felicidad te parece –de momento– algo que está muy lejos, puede que te parezca un objetivo más realista tener una sensación general de bienestar en diferentes áreas de tu vida.

Taller de la felicidad *Happiness Attraction*

La **metodología *Happiness Atraction*** es una oportunidad para aquellos que deseen conocer nuevas herramientas y técnicas desarrolladas a partir de aportaciones de la psicología positiva y la neurociencia para trabajar como *coach*, así como para mejorar

el bienestar y la satisfacción de la vida a través de la felicidad. Además de la información disponible en este libro, existe el curso: un taller experiencial *Hapiness Attraction* basado en la práctica de dinámicas, herramientas y técnicas útiles para trabajar a diario. Más información a través de las autoras del libro: gemmasala@gemmasala.com
info@alexiadelamorena.com

Además, hoy en día es posible disfrutar de numerosas aplicaciones que te pueden ayudar con recursos para la felicidad. Aquí compartimos cuatro plataformas:

Happify: una aplicación de psicología positiva con herramientas, test y artículos.

Detector de humor: a través de tu huella digital puede captar hasta ochenta estados de ánimo. Serán tus huellas las que delaten si estás enfadado, ansioso, feliz...

Positive activity jackpot: creada por expertos en salud mental y miembros del ejército de Estados Unidos (Departamento de Defensa) para ayudar a los militares con el estrés postraumático. En su terapia, propone actividades y conecta con tu GPS. ¡Algunas en realidad aumentada!

Cómo ser feliz: Aplicación juego. Realiza preguntas relativas a tus rutinas diarias y analiza cómo te enfrentas a diferentes situaciones vitales para que afrontes la vida con más herramientas y entusiasmo.

Anexos

Anexo 1. Test de Benziger

Determina cuáles son tus dominancias y subdominancias cerebrales, y las actividades laborales en las que es más fácil que puedas fluir y florecer por tus talentos naturales.

Modo I (hemisferio posterior izquierdo)

El pensamiento del Modo I es ordenado y se basa en procedimientos. Se distingue por su habilidad de repetir una acción de manera consistente y precisa a lo largo del tiempo. Los verdaderos pensadores del Modo I encuentran satisfacción y una sensación de logro en seguir rutinas y procedimientos establecidos. Son maestros en prestar atención a los detalles. Son leales y fiables cumplidores, y durante años pueden permanecer en la misma compañía, donde se les valora por la consistencia en su trabajo y por la minuciosidad con que completan sus tareas. Son naturalmente conservadores, aprecian los valores tradicionales y prefieren abordar las tareas y resolver los problemas paso a paso.

Ahora, en una escala de 0 (en absoluto) a 5 (completamente), califícate según lo identificado que te sientas con lo que dice este párrafo, tomado como una posible descripción de ti mismo. Escribe este numero aquí:

Parte A: _____

A continuación, lee las siguientes 14 frases y pon una señal en aquellas que te describen mucho. Deja en blanco aquellas otras que no te son aplicables, o que solo te describen en parte.

1. Destaco en que mantengo las cosas organizadas Me gusta dedicarme y trabajar en los detalles.
2. Soy muy productivo, fiable y disciplinado.
3. Disfruto de tareas tales como clasificar, archivar, planificar y rotular carpetas y archivadores.
4. Creo que las reglas son importantes y deben cumplirse.
5. Para trabajar prefiero guiarme por instrucciones y procedimientos específicos.
6. Me considero conservador y tradicional.
7. Tanto en el trabajo como en casa, me gusta tener un lugar específico para cada cosa.
8. Utilizo métodos paso a paso para resolver problemas y abordar tareas.
9. Me disgustan mucho la ambigüedad y la falta de previsión.
10. Completo mis tareas de manera puntual y ordenada.
11. Prefiero relacionarme con personas que controlen sus emociones y se comporten adecuadamente (lo que apruebo).

12. Siempre leo las instrucciones de cabo a rabo antes de comenzar un proyecto.
13. Disfruto de tener rutinas regulares y seguirlas.
14. Prefiero programar mi vida personal y profesional, y me molesta cuando tengo que desviarme de lo planeado.

Para calcular tu resultado de la parte B, cuenta el numero de señales que has puesto más arriba y concédete un (1) punto por cada una de ellas. Escribe tu total aquí:

Parte B: _____

Ahora suma los resultados de la parte A y la parte B y escribe el total abajo:

Total Modo I resultado: _____

Modo II (hemisferio posterior derecho)

La manera de pensar del Modo II es espiritual y basada en simbolismos y sentimientos. Se da cuenta de las sutilezas y cambia a otros estados de animo, emociones y señales no verbales. Los pensadores fuertes en el Modo II a menudo son altamente expresivos, buscan instintivamente el bienestar y estimulan y conectan con los demás a través de las palabras y los gestos. Preocupados por los demás por naturaleza, creen que saber cómo se siente alguien es de extraordinaria importancia, y tienen esta preocupación porque son compasivos; buscan la relación y la armonía en sus vidas personales y profesionales. Dada su habilidad para relacionarse positivamente y con empatía, los pensadores según el Modo II también destacan motivando a los demás a compartir su propia exaltación, entusiasmo y apoyo.

Ahora, en una escala de 0 (en absoluto) a 5 (completamente), califícate según lo identificado que te sientas con lo que dice este párrafo, tomado como una posible descripción de ti mismo. Escribe este numero aquí:

Parte A: _____

A continuación, lee las siguientes 15 frases y pon una señal en aquellas que te describen mucho. Deja en blanco aquellas otras que no te son aplicables, o que solo te describen en parte.

1. Presto especial atención, y soy muy hábil interpretando el lenguaje corporal y la comunicación no verbal.
2. Creo que los sentimientos son más verdad y más importantes que los pensamientos.
3. Disfruto «conectando» verbalmente con los demás, escuchando sus problemas y compartiendo sentimientos.
4. Me considero una persona altamente espiritual.
5. Me relaciono con los demás con empatía y me resulta fácil sentir lo que ellos sienten.
6. Soy excelente creando entusiasmo y motivando de manera positiva a los demás.

7. A menudo toco espontáneamente a otros para darles apoyo y ánimo.

8. Siempre miro a la cara de las personas con quien hablo.

9. Me encanta cantar, bailar y escuchar música.

10. Creo que el crecimiento y el desarrollo personal son extremadamente importantes.

11. Defino el éxito por la calidad de mi experiencia.

12. Considero que mis relaciones con los demás son la parte más importante de mi vida.

13. Me siento incomodo en situaciones de conflicto.

14. Considero que la cooperación y la armonía son los valores humanos más importantes.

15. Siempre quiero saber cómo se siente y cómo se relaciona la gente.

Para calcular tu resultado de la parte B, cuenta el numero de señales que has puesto más arriba y concédete un (1) punto por cada una de ellas. Escribe tu total aquí:

Parte B: _____

Ahora suma los resultados de la parte A y la parte B y escribe el total abajo:

Total Modo II resultado: _____

Modo III (hemisferio frontal derecho)

El Modo III es visual, espacial y no verbal. Es metafórico y conceptual, y expresa fotos o «películas» internas que al pensador del Modo III le encanta «ver», lo que le convierte de modo natural en maestro de la integración, la innovación y la imaginación. Se aburre con facilidad y busca constantemente la estimulación de nuevos conceptos, nuevas aventuras e información. Se le identifica con facilidad por su modo de archivar documentos de trabajo e información, ya que es visual: almacena el material en montones que va haciendo por toda la casa u oficina y que conserva siempre a la vista. También se le distingue por su peculiar y a veces especial sentido del humor. Como «altruista conceptual», el pensador del Modo III se interesa por la humanidad y su evolución, aunque quizás no sea un gran adepto a las relaciones de tú a tú.

Ahora, en una escala de 0 (en absoluto) a 5 (completamente), califícate según lo identificado que te sientas con lo que dice este párrafo, tomado como una posible descripción de ti mismo. Escribe este numero aquí:

Parte A: _____

A continuación, lee las siguientes 15 frases y pon una señal en aquellas que te describen mucho. Deja en blanco aquellas otras que no te son aplicables, o que solo te describen en parte.

1. Me concentro más en la perspectiva general que en los «mezquinos» detalles, tales como la ortografía o el saldo de mi cuenta corriente.

2. Se me ocurren habitualmente ideas innovadoras y soluciones creativas.

3. Se me reconoce como una persona muy expresiva y con mucha energía.

4. Me disgustan claramente las tareas o actividades rutinarias y me aburro enseguida con ellas.

5. Destaco en sintetizar ideas o distintos temas en «un todo» nuevo.

6. Prefiero trabajar en varias cosas de forma simultánea, procesando muchas ideas y tareas al mismo tiempo.

7. Considero que la novedad, la originalidad y la evolución son los valores más importantes.

8. Encuentro fácilmente la información que busco en las pilas de papeles que organizo en mi casa y mi oficina.

9. Utilizo metáforas y analogías visuales para explicar lo que pienso a los demás.

10. Me entusiasmo con las ideas novedosas o curiosas de los demás.

11. A la hora de resolver problemas, confió en los presentimientos y en mi intuición.

12. Tengo un sentido del humor que me ha llevado alguna vez a tener problemas por no comportarme adecuadamente.

13. Algunas de mis mejores ideas surgen mientras «no estoy haciendo nada en particular».

14. He desarrollado muy bien mis habilidades relacionadas con el espacio, y puedo «ver» fácilmente como reorganizar una habitación, rehacer una maleta, o bien organizar el baúl del coche de modo que todo quepa perfectamente.
15. Tengo talento artístico.

Para calcular tu resultado de la parte B, cuenta el numero de señales que has puesto más arriba y concédete un (1) punto por cada una de ellas. Escribe tu total aquí:

Parte B: _____

Ahora suma los resultados de la parte A y la parte B y escribe el total abajo:

Total Modo III resultado: _____

Modo IV (hemisferio frontal izquierdo)

El pensamiento del Modo IV es lógico y matemático, y destaca en el análisis critico, la resolución de problemas de diagnóstico y en el uso de las máquinas y herramientas. Los pensadores del Modo IV tienen metas bien definidas, la capacidad de diseñar estrategias más eficientes y productivas para cualquier situación. Esto les lleva a alcanzar posiciones de liderazgo desde las que pueden tomar decisiones clave y gestionar las circunstancias para poder hacerlas converger con los resultados deseados. Dada su habilidad para ser críticos precisos, no es de extrañar que prefieran trabajos técnicos, mecánicos o financieros.

Ahora, en una escala de 0 (en absoluto) a 5 (completamente), califícate según lo identificado que te sientas con lo que dice este párrafo, tomado como una posible descripción de ti mismo. Escribe este numero aquí:

Parte A: _____

A continuación, lee las siguientes 15 frases y pon una señal en aquellas que te describen mucho. Deja en blanco aquellas otras que no te son aplicables, o que solo te describen en parte.

1. Prefiero trabajar en temas técnicos o financieros.
2. Me gusta el pensamiento crítico y analítico.
3. Tengo buenas habilidades para resolver problemas técnicos y de diagnóstico.
4. Destaco en el estudio de las ciencias, finanzas, matemáticas y lógica.
5. Me doy cuenta de que disfruto y me crezco en debates y disputas verbales.
6. Destaco en entender el funcionamiento de máquinas y disfruto usando herramientas y construyendo o reparando cosas.
7. Prefiero tener la responsabilidad final a la hora de tomar decisiones y fijar prioridades.

8. Considero que pensar es significativamente más importante que sentir.

9. Realizar inversiones y administrar y potenciar recursos clave, como el tiempo y el dinero, es algo en lo que destaco.

10. Me considero, básicamente, un pensador lógico.

11. Destaco delegando y dando órdenes.

12. Suelo organizar documentos, datos e información, de acuerdo con puntos clave que se deben tener en cuenta y principios operativos.

13. Mido mi éxito en función de los resultados reales que obtengo y por el «beneficio neto» que consigo.

14. Me considero un líder capaz, decisorio y eficaz.

15. Valoro la efectividad y la racionalidad por encima de todo lo demás.

Para calcular tu resultado de la parte B, cuenta el numero de señales que has puesto más arriba y concédete un (1) punto por cada una de ellas. Escribe tu total aquí:

Parte B: _____

Ahora suma los resultados de la parte A y la parte B y escribe el total abajo:

Total Modo IV resultado: _____

Interpretación de resultados

Ahora transfiere las cuatro anteriores puntuaciones a los espacios que se encuentran a continuación:

MODO I	MODO II	MODO III	MODO IV
Hemisferio	Hemisferio	Hemisferio	Hemisferio
Posterior Izquierdo	Posterior Derecho	Frontal Derecho	Frontal Izquierdo

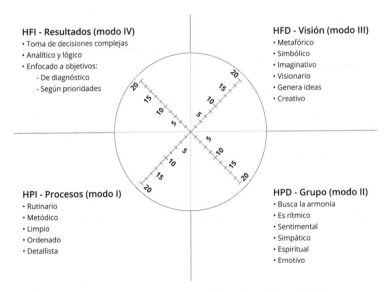

HFI - Resultados (modo IV)
- Toma de decisiones complejas
- Analítico y lógico
- Enfocado a objetivos:
  - De diagnóstico
  - Según prioridades

HFD - Visión (modo III)
- Metafórico
- Simbólico
- Imaginativo
- Visionario
- Genera ideas
- Creativo

HPI - Procesos (modo I)
- Rutinario
- Metódico
- Limpio
- Ordenado
- Detallista

HPD - Grupo (modo II)
- Busca la armonía
- Es rítmico
- Sentimental
- Simpático
- Espiritual
- Emotivo

Figura 51. *Los cuatro cuadrantes del cerebro del test de Benziger.*

20: una puntuación muy alta indica un compromiso con la propia preferencia. Significa también que decididamente prefieres pensar según este «modo», que consideras «la mejor manera de pensar», y posiblemente creas que todo el mundo debería pensar así.

De 13 a 19: una puntuación muy alta indica una preferencia, o bien una competencia no preferida pero muy desarrollada que actúa como auxiliar –algo que es parte de tu «paquete de trucos»– y tu manera más frecuente de desear hacer las cosas.

De 6 a 12: una puntuación moderada indica competencias no preferidas desarrolladas como un auxiliar. Por lo general verás que puedes acceder a este determinado «modo» y utilizarlo según tu voluntad mediante una elección consciente, especialmente cuando lo que deseas lograr sirve a un propósito mayor que está más en línea con tu «modo» preferido de pensar. Sin embargo, concentrarse permanentemente en utilizar este «modo» implicará un esfuerzo, y con el tiempo te quedarás exhausto.

De 0 a 5: una puntuación baja indica falta de preferencia, y generalmente la tendencia es la de evitar ese «modo». Aquellas situaciones que requieran tener que desempeñarse según este pueden generar una fuerte sensación de resistencia, inducirte al enojo inmediato, o simplemente motivarte a abandonar, postergar, fantasear, hacer garabatos, o bien a hacer listas de lo que verdaderamente deseas hacer.

Combinación de hemisferios dominantes	Posibles profesiones
HI	abogados, médicos, enfermeros/as de cuidados intensivos
HI con HFI dominante	contables, MBA, ingenieros electrotécnicos, directores de hospital, líderes de implantación...
HI con HPI dominante	banqueros, operarios de máquina, mantenimiento de maquinaria
HPI	administrativos de gestión de compras, gestores de archivos, administrativos de documentación, tenedor de libros, administrativos de personal, supervisores, jefes de enfermeros/as, jefes de personal, administrativos de escuela
HPD	recepcionistas, especialistas en comunicación, enfermeros/as de pediatría, enfermeros/as en general, maestros, especialistas en desarrollo de personal, formadores, relaciones públicas
HPI-HPD	profesores, jefes de enfermería, supervisores
HFD	emprendedores, geólogos, arquitectos, ilustradores, artesanos de la madera
HD	especialistas en desarrollo organizacional, maestros y formadores, médicos de urgencias, bailarines, pintores, poetas
HD con HPD dominante	consejeros, psicólogos, terapeutas, actores, músicos, decoradores de interiores
HD con HFD dominante	consejeros, psicólogos, terapeutas, psiquiatras
HFI-HFD	inventores, químicos e ingenieros químicos, científicos de investigación, economistas, cirujanos, administradores de hospital, poetas, compositores, pintores
HPI-HFD	periodistas, bibliotecarios, organizadores comunitarios
HFI-HD (HPD dominante)	poetas, compositores
HI + HFD dominante	líderes visionarios
HI-HD	líderes de organizaciones grandes y complejas

Fuente: Katherine Bézier

Anexo 2. Test del estrés

Test 1. ¿Sabes enfrentarte al estrés?*

NUNCA: 0   RARAMENTE: 1   A VECES: 2   A MENUDO: 3   SIEMPRE: 4

1. Soy capaz de pedir ayuda
2. Me organizo para no ir con prisas
3. Cuando estoy de mal humor o deprimido, sé por qué es
4. Hablo de mis problemas con mis amigos
5. Dedico parte de mi tiempo a cuidarme (dieta, salud, aspecto físico...)
6. Pospongo las cosas difíciles y evito las situaciones complicadas
7. Expreso mis emociones de forma abierta y directa
8. Intento conseguir mis objetivos personales
9. Acepto las situaciones que no se pueden modificar
10. Puedo confiar en mi pareja, hablar con ella desde la sinceridad y expresarle mis sentimientos

* Fuente (adaptación): Trevor Powell, *Vivir sin estrés*. Barcelona: Ediciones B.

11. Me recompenso con algo que me gusta cuando he hecho un buen trabajo

12. Tengo tendencia a reprimir mis emociones y a no relacionarme con la gente

13. Sé negarme a las exigencias de los demás y a rechazar sus peticiones

14. Intento no aceptar más de lo que puedo, porque tengo poco tiempo

15. Sopeso las dos caras de las cosas

16. Trato con confianza a los miembros de mi familia y les hablo sin tapujos

17. Reservo tiempo para mis aficiones y para el ocio

18. Cuando me siento presionado/a, me olvido de las actividades más agradables y relajantes

19. Si me atienden mal en una tienda, me quejo

20. Delego tareas cuando es necesario

21. Suelo ser capaz de relacionar mi malhumor con algo concreto que me pasa

22. Salgo con amigos/as

23. Creo que a veces tengo que ser egoísta

24. Tiendo a evitar las situaciones que suponen un desafío

25. Me gusta comparar las ideas de la gente

26. Escribo listas de las cosas que me propongo hacer

27. Antes de hacer algo, lo pienso detenidamente

28. Me gustan las relaciones sociales

29. Encuentro tiempo para relajarme, según lo programado

30. Tengo necesidad de hacerlo siempre todo bien

A		B		C		D		E		F
1		2		3		4		5		6
7		8		9		10		11		12
13		14		15		16		17		18
19		20		21		22		23		24
25		26		27		28		29		30
Total		**Total**		**Total**		**Total**		**Total**		**Total**

A. Ser asertivo/a:

– **Más de 13**

Tu comportamiento es asertivo. Eres capaz de expresar abierta y francamente tus derechos sin colocar a nadie en una posición defensiva.

– **De 8 a 13**

Tu comportamiento podría ser más asertivo. Entrénate.

– **Menos de 8**

Parece que te falta determinación, y eso es una posible fuente de estrés para ti.

B. Administrar el tiempo:

– **Más de 13**

Administras bien tu tiempo y te organizas para conseguir lo que quieres en la vida.

– **De 8 a 13**

Podrías administrar mejor el tiempo. Busca soluciones.

- **Menos de 8**

  Parece que no consigues administrar bien el tiempo, deberías mejorar en este campo.

C. Pensar racionalmente:

- **Más de 13**

  Comprendes que lo que sientes influye en lo que piensas y consigues pensar de un modo racional.

- **De 8 a 13**

  Podrías comprender mejor la relación entre lo que piensas y tus estados de ánimo. Ten presente esto en las situaciones estresantes.

- **Menos de 8**

  Es muy probable que tengas estrés debido en parte a tu forma de pensar.

D. Convivir mejor con tu pareja:

- **Más de 13**

  Parece ser que mantienes buenas relaciones con tu pareja y que no te falta su apoyo.

- **De 8 a 13**

  Podrías mejorar tus estrategias de trato con tu pareja y mejorar la relación.

- **Menos de 8**

  Da la impresión de que tienes problemas para relacionarte con tu pareja.

E. Cuidarte:

– **Más de 13**

Parece que te cuidas y comprendes la necesidad de hacerlo.

– **De 8 a 13**

Podrías cuidarte más.

– **Menos de 8**

Te estás abandonando, y eso tiene efectos sobre tu nivel de estrés y también sobre tu autoestima.

F. Mala adaptación:

– **Más de 13**

Has adquirido algunos hábitos desaconsejables que te ayudan a ir tirando, pero que te hacen más vulnerable al estrés. La combinación del perfeccionismo, la evitación, la represión emotiva y la falta de tiempo en la vida suelen provocar mucho estrés. Si has valorado 3 o 4 en alguna de las preguntas, te conviene buscar asesoramiento.

– **De 8 a 13**

Tienes que tomar conciencia de esos malos hábitos (véase el punto superior) e intentar abandonar algunos.

– **Menos de 8**

No parece que tengas ningún problema de hábitos.

Test 2. ¿Por qué te estresa tu trabajo?*

**MUCHO ESTRÉS: 3   ESTRÉS MODERADO: 2   POCO ESTRÉS: 1
NINGÚN ESTRÉS: 0**

1. Tener demasiado trabajo
2. Cumplir demasiadas funciones
3. Ser responsable de coordinar el trabajo de otras personas
4. Mi relación con los demás en el trabajo
5. Mi sueldo
6. Llevarme a casa trabajo habitualmente
7. Hacer horas extras o trabajar por las noches
8. No saber exactamente qué se espera de mí
9. Tener que tomar decisiones o hacer planes
10. La relación con mi superior
11. Hacer un trabajo que no me estimula
12. Tener dificultad para desconectar en casa
13. Tener que hacer frente a demasiadas exigencias
14. Tener pocos objetivos claros a los que dedicarme
15. Enfrentarme a los conflictos
16. La falta de ánimo y apoyo
17. Las perspectivas de ascenso
18. Las exigencias del trabajo sobre mi vida familiar
19. La escasez de trabajo
20. Que me pidan cambios en mi forma de trabajar

* Fuente (adaptación): Trevor Powell, *Vivir sin estrés*. Barcelona: Ediciones B.

21. Las normas de trabajo
22. No tener compañeros en los que confiar
23. Un entorno ambiental desagradable
24. Tener que elegir entre el trabajo y la vida privada
25. Ir contra reloj si hay fechas límite
26. La falta de variedad y estimulación
27. El miedo a equivocarme
28. La falta de formación y pautas
29. La insatisfacción con mi trabajo
30. La actitud de mi pareja hacia mi trabajo
31. No tener las cualidades necesarias
32. No recibir información sobre la calidad de mi trabajo
33. Las reuniones o las presentaciones
34. El estado de ánimo general de mis compañeros
35. La inseguridad laboral o el miedo a la reestructuración de personal
36. Los cambios fuera del trabajo: económicos, de salud, etcétera.

A	B	C	D	E	F
1	2	3	4	5	6
7	8	9	10	11	12
13	14	15	16	17	18
19	20	21	22	23	24
25	26	27	28	29	30
31	32	33	34	35	36
Total	**Total**	**Total**	**Total**	**Total**	**Total**

A. Cantidad de trabajo:

– **Más de 8**
Parece que la cantidad de trabajo que tienes que realizar te estresa mucho. Intenta reorganizarte.
– **De 5 a 8**
La cantidad de trabajo que tienes que realizar puede estresarte.
– **Menos de 5**
La cantidad de trabajo no es principalmente una fuente de estrés para ti.

B. Función:

– **Más de 8**
Es posible que tengas que acabar de aclarar y definir tu función. Plantéaselo a tu superior y solicita la información que creas necesaria.
– **De 5 a 8**
Hace falta aclarar un poco tu papel en tu trabajo.
– **Menos de 5**
No parece que el trabajo en este sentido te resulte un problema.

C. Responsabilidad:

– **Más de 8**
Parece ser que te agobian las responsabilidades. Plantéaselo a otros compañeros con más experiencia para que puedan realizarse los cambios oportunos.

– **De 5 a 8**
Tienes algunas dificultades para aceptar responsabilidades en el trabajo.

– **Menos de 5**
Parece que tienes capacidad para afrontar responsabilidades en tu profesión.

D. Relaciones:

– **Más de 8**
Parece que las relaciones laborales te estresan mucho. Intenta mejorarlas y busca más apoyo en quienes te rodean.

– **De 5 a 8**
Las relaciones laborales podrían llegar a provocarte estrés.

– **Menos de 5**
No parece que las relaciones laborales te supongan un problema en la realización de tu propio trabajo.

E. Realización laboral:

– **Más de 8**

Te sientes poco realizado/a y probablemente poco valorado/a en tu trabajo. ¿Te dedicas a lo que más te gusta? ¿Hay otras cosas que te puedan satisfacer más?

– **De 5 a 8**

Podrías sentirte más realizado en tu trabajo. Piensa si puedes ajustar algo para mejorar este ítem.

– **Menos de 5**

Parece que disfrutas con tu trabajo.

F. Interferencias entre trabajo y familia:

– **Más de 8**

No consigues separar el trabajo de la vida privada. Es posible que tengas que levantar esa barrera de forma que no interfiera demasiado en tu vida.

– **De 5 a 8**

Tienes síntomas de que la relación entre el trabajo y tu vida privada podría mejorarse. Intenta pulir alguna de las interferencias.

– **Menos de 5**

No parece que la relación entre el trabajo y tu vida privada te provoque estrés.

Agradecimientos

Gemma Sala Grau

Quiero dar las gracias en primer lugar a mis padres, Ramón y M.ª Rosa, y a mis hermanos, Miriam, Núria y Lluís por ser mis primeros maestros. Cuando eres la pequeña de cuatro hermanos, resulta que tienes múltiples referentes; además aprendes de sus «pifias» y tratas de no repetirlas (¡aunque... no siempre con éxito!). Uno de mis primeros recuerdos, debería tener yo unos 5 años, es sentada con todos mis hermanos y mi padre delante mostrándonos una pizarra con dibujos o palabras. Después de un minuto le daba la vuelta y teníamos que recordar lo que habíamos visto. Fueron mis primeros test (*domésticos*) de memoria. Esos *juegos psicológicos* sembraron en mí la semilla del interés por la mente. Así que no dudé cuando tuve que ir a la universidad: escogí estudiar Psicología. El *coaching* y la neurociencia vinieron años más tarde y han sido mi pasión profesional en los últimos 14 años.

Nunca pensé que acabaría escribiendo un libro sobre estos temas, pero tras varios años de enseñarlo, parecía el camino natural. Como alguien dijo: «Es feliz aquel que transmite lo que sabe y aprende lo que enseña». No soy neurocientífica, me considero una *neurotransmisora*.

Al estudiar el cerebro nos encontramos ante un nuevo y fascinante territorio del que vamos conociendo cada vez más, aunque su complejidad es enorme y falta mucho por descubrir. Lo cierto es que, en los últimos años, cuanto más leía e investigaba sobre el tema, más le encontraba sentido y más deseaba compartir la aplicabilidad de las neurociencias para llevar los últimos descubrimientos a nuestra vida personal y profesional.

Todo esto no hubiera sido posible sin la ayuda de muchos maestros que he tenido a lo largo del camino, de los que quiero destacar al doctor Fannin y, sobre todo, al doctor Joe Dispenza porque pude trabajar de cerca con ellos en Estados Unidos y aquí, en España, con Joe, quien de verdad contagia su pasión por la transformación del ser humano; también a Steven Poelmans por darme la oportunidad de colaborar en el Neuro-TrainingLab.

Quiero asimismo dar las gracias a Richard Boyatzis por haberme abierto los ojos hace casi una década y demostrar que la neurociencia puede ayudarnos a hacer un *coaching* de mucha más calidad y más efectivo. Agradezco su apoyo en este libro para el que nos ha facilitado artículos y también imágenes.

Para llegar a ver este libro publicado ha sido necesaria la colaboración y el apoyo de muchas personas, sin las que este no hubiera sido una realidad. En primer lugar, las lecturas de prueba que han realizado Anna Guardia, médico y máster en comunicación científica. Gracias, Anna, por tu rigor en las revisiones, meticulosidad y aportaciones. También doy las gracias a mi amiga de hace muchos años Jacqueline Lloberes, psicóloga social y terapeuta Gestalt, por sus acertados comentarios.

Un enorme agradecimiento para Nuria Langreo Oropesa, periodista y asesora de comunicación por su meticulosidad, revisiones, correcciones y aportaciones como experta en comunicación que es. Y, por supuesto, a Domi Díez, mi querida cuñada y amiga, doctora en Psicología clínica y especialista en adicciones, que me animó y demostró siempre mucho interés por este libro. Gracias por tus acertadas correcciones y aportaciones.

También quería agradecer a Kiku Mistu Thou, artista humanista experto en educación emocional, haber sido una inspiración creativa durante el proceso de escritura del libro, recordándome que la poesía conecta directamente con nuestro hemisferio derecho, el hemisferio de las emociones, el arte y la metáfora. No puedo dejar de mencionar a Oriol Magrinyà, consultor y editor de Go Books! Editorial, quien ha calmado mi amígdala en muchos momentos de «miedo» al enfrentarme por primera vez a la publicación de un libro. Gracias, Oriol, por escucharme y por todos tus sabios consejos.

Una mención muy especial para mi amigo y compañero de *Toastmasters Som-hi* Edu Couchez que ha creado todas las ilustraciones en blanco y negro de este libro. Sin su creatividad, el libro no sería el mismo. Gracias por ponérmelo tan fácil y por tu buena predisposición.

Y por último, Pere Estupinyà, quien con su gran capacidad de comunicar de qué va esto de la neurociencia, nos enamora y despierta más si cabe el interés por saber más. A Ana Pániker, Agustín Pániker y a su equipo de la editorial Kairós por creer en el libro y apoyarnos en su plasmación.

Esperamos poder ofrecer esperanza, confianza y recursos prácticos para inspirar a las personas a querer ser más proactivas y menos víctimas de su vida, y que aprendan a cocrear un cerebro feliz para poder disfrutar del regalo que es la vida.

Alexia de la Morena Gómez

«A todas aquellas mentes curiosas e inquietas, como la tuya, que hacen que cada día sea increíble y muy grande».

Eternamente agradecida a las personas que me dieron la vida, a las que se emocionaron con los primeros pasos y que ahora siguen en mi corazón, y a las que han estado y estarán siempre cerca con su magia y ayuda disfrutando del bello momento que se creó...

«Aquellos que creen en la magia están destinados a encontrarla». Profunda admiración.

Alexia de la Morena Gómez, 2019.

A mi queridísimo Pere Estupinyà por habernos conocido en un momento serendipia, encontrando la felicidad por casualidad en un increíble evento sobre Neurociencia Thinking Party de la Fundación Telefónica, mientras impartíamos ambos una conferencia sobre Neurociencia, teniendo como compañero y maestro de ceremonias al prestigioso neurocientífico y neurólogo internacional Antonio Damasio, quien ha aportado grandes descubrimientos sobre las emociones y nuestra manera de sentir. Una magia que sigue en cada uno de los encuentros, proyectos de investigación y reportajes de televisión con *El cazador de cerebros* (la 2, RTVE).

A mi queridísimo Víctor Vicente Alexandre Fernández Bendito –Universidad Complutense de Madrid (UCM)–, investigador, docente y coordinador del equipo de investigación NeuroCOM (UCM), por hacer siempre honor a su segundo apellido y haberse convertido en una pieza fundamental de mi vida. Un sabio, con la mejor luz faro que seguir, lleno de energía.

A mí queridísima amiga Elena Nebreda, experta en marketing estratégico, empresaria, escritora y *coach* por su bellísima energía, incondicional apoyo y magia.

Para todos aquellos héroes anónimos que dan lo mejor de sí cada día.

Bibliografía

1. La evolución del cerebro

Eagleman D. *The Brain. The story of you*. Nueva York: Pantheon, 2015.

Fox Cabane O. *The Charisma Myth: how anyone can master the art and science of personal magnetism*, Nueva York: Portfolio, 2012.

Glenn Northcutt R. «Understanding Vertebrate Brain Evolution». *Integrative and Corporative Brain Evolution*, 2002.

Goleman D. *Focus*. Barcelona: Editorial Kairós, 2013.

Maclean PD. *The triune brain in evolution: Role in paleocerebral functions*. Nueva York: Plenum Press, 1990.

Mischel W. *The Marshmallow Test. Mastering Self-Control*, 1970.

Siegel DJ. *Cerebro y mindfulness*. Barcelona: Paidós Transiciones, 2010.

2. El cerebro es social

Boyatzis RE. «An overview of intentional change from a complexity perspective». *Journal of Management Development*. 2006; 25(7): 607-23.

—. «The Ideal Self as a Driver of Change». *Journal of Management Development*. 2006; 25(7):624-42.

Buccino G, Lui F, Canessa N *et al.* «Neural circuits involved in the recognition of actions performed by nonconspecifics: an FMRI study». *J Cogn Neurosci.* 2004; 16(1):114-26.

Cattaneo L, Rizzolatti G. «The Mirror Neuron System». *Arch Neurol.* 2009; 66(5):557-60. Disponible en: www.archneurol.com

Cattaneo L, Fabbri-Destro M, Boria S *et al.* «The Brain –the story of you». En: Cattaneo L, Fabbri-Destro M, Boria S *et al.* «Impairment of actions chains in autism and its possible role in intention understanding». *Proc Natl Acad Sci USA.* 2007; 104(45):17825-30.

Iacoboni M, McHaney RW. «Applying empathy and mirror neuron concepts to NeuroLeadership». *NeuroLeadershipjournal.* Issue TWO, 2009.

Marturano J. *Mindfulness en el liderazgo.* Barcelona: Editorial Kairós, 2017.

Oberman LM, Hubbard EM, McCleery JP, Altschuler EL, Ramachandran VS, Pineda JA. «EEG evidence for mirror neuron dysfunction in autism spectrum disorders». *Brain Res Cogn Brain Res.* 2005; 24(2):190-8.

Ramachandran VS. *Lo que el cerebro nos dice.* Barcelona: Paidós Ibérica, 2012.

Rock D, Page LJ. *Coaching with the Brain in Mind: Foundations for practice.* Nueva Jersey: John Wiley & Sons Inc., 2009.

Siegel DJ. *Cerebro y Mindfulness*, Barcelona: Paidós Ibérica, 2010.

Smith ML, Van Oosten EB, Boyatzis RE. «Coaching for sustained desired change», 2009.

Théoret H, Halligan E, Kobayashi M, Fregni F, Tager-Flusberg H, Pascual-Leone A. «Impaired motor facilitation during action observation in individuals with autism spectrum disorder». *Curr Biol.* 2005; 15(3):R84-5.

4. Salud cerebral y bienestar

Csíkszentmihályi M. *Fluir (Flow). Una psicología de la felicidad*. Barcelona: Editorial Kairós, 1990.

Pascual-Leone A, Fernández Ibáñez A, Bartrés-Faz D. *El cerebro que cura*. Barcelona: Plataforma Editorial, 2019.

Rock D, Siegel DJ, Steven A.Y. «Poelmans and Jessica Payne. The Healthy mind platter». *NeuroLeadershipjournal*. Issue FOUR, 2012.

Rock D, Page LJ. *Coaching with the Brain in Mind: Foundations for practice*. Nueva Jersey: John Wiley & Sons Inc., 2009.

5. Creatividad y hemisferios cerebrales

WArenas F. *El camino de la creatividad*. Buenos Aires: Ediciones B, 2018.

Csíkszentmihályi M. *Fluir (Flow). Una psicología de la felicidad*. Barcelona: Editorial Kairós, 1990.

Eagleman D. *The Brain. The story of you*. Nueva York: Pantheon, 2015.

Guilligan S. *La valentía de amar: principios y práctica de la psicoterapia de las interacciones del yo*. Madrid: Rigden Institut Gestalt, 2008.

Kounios J, Beeman M. *The Eureka Factor: Creative Insights and the Brain*, Random House, 2006.

McGilchrist I. *The Master and His Emissary: The Divided Brain and the Making of the Western World*. New Haven, Connecticut: Yale University Press, 2009.

Siegel DJ. *Cerebro y mindfulness*. Barcelona: Paidós Transiciones, 2010.

Wallas G. *The Art of Thought*, 1926.

6. Estrés directivo. Claves para reducirlo y aumentar el bienestar y la satisfacción de tu vida

Boyatzis RE, Smith ML, Blaize N. «Developing Sustainable Leaders Through Coaching and Compassion». *Academy of Management Learning and Education.* 2006; 5(1):8-24.

Boyatzis RE, Jack A, Cesaro R, Khawaja M, Passarelli A. «Coaching with Compassion: An fMRI Study of Coaching to the Positive or Negative Emotional Attractor». *Academy of Management Proceedings.* 2010. Published online: 30 Nov 2017 https://doi.org/10.5465/ambpp. 2010.54497099. Disponible en: https://journals.aom.org/doi/abs/ 10.5465/ambpp.2010.54497099

Goleman D, Boyatzis RE, McKee A. *El líder resonante crea más.* Barcelona: Ed. Debolsillo, 2012.

Jack AI, Boyatzis RE, Khawaja MS, Passarelli AM, Leckle RL. «Visioning in the brain: An fMRI study of inspirational coaching and mentoring». *Soc Neurosci.* 2013; 8(4):369-84. doi: 10.1080/17470919.2013.808259.

Martínez-Sánchez F, Cano-Vindel A, Castillo Precioso JC, Sánchez García JA, Ortiz Soria B, Gordillo del Valle E; Dpto. de Psicología Básica y Metodología; Universidad de Murcia, Dpto. de Psicología Básica (Procesos Cognitivos); Universidad Complutense; Centro de Atención Primaria del INSALUD. Hellín, 1995. «Una Escala Reducida de Ansiedad basada en el Inventario de Situaciones y Respuestas de Ansiedad (I.S.R.A.): Un estudio exploratorio». *Anales de psicología.* 1995; 11(1):97-104. Disponible en: https://www.um.es/ analesps/v11/v11_1/08-11_1.pdf

Rienzi L, De la Morena A. Liderazgo Intuitivo. *Las neurociencias explican cómo la intuición puede ayudarte a ser la mejor versión del líder que hay en ti.* Buenos Aires: Temas Grupo Editorial, 2017.

Seyle. *Estrés sin distrés.* Philadelphia: J. B. Lippincott Co., c. 1974.

8. Neurofelicidad: la guía práctica de la felicidad

Dilts, R. *Coaching. Herramientas para el cambio*. Barcelona: Urano, 2004.

Driemeyer J, Boyke J, Gaser C, Büchel C, May A. «Changes in Gray Matter Induced by Learning». *PLoS One*. 2008;3(7):e2669. Published online: 23 Jul 2008. doi: 10.1371/journal.pone.0002669.

Kabat-Zinn J. *Vivir con plenitud las crisis*. Cómo utilizar la sabiduría del cuerpo y de la mente para afrontar el estrés, el dolor y la enfermedad. Barcelona: Editorial Kairós, 2007.

—. *Mindfulness en la vida cotidiana: Cómo descubrir las claves de la atención plena*. Barcelona: Ediciones Paidós Ibérica, 2009 [Wherever You Go, There You Are: Mindfulness Meditation in Everyday Life, Hyperion, 1994].

Viktor F. *El hombre en busca de sentido*. Barcelona: Editorial Herder, 1991.